Signéponge

Signsponge

Signéponge
Signsponge

by
Jacques Derrida

translated by
Richard Rand

New York   Columbia University Press   *1984*

Library of Congress Cataloging in Publication Data
Derrida, Jacques.
Signéponge = Signsponge.
English and French.
Portions of the French text originally delivered as a lecture before the
Colloquium on Francis Ponge, held at Cerisy-la-Salle in
July of 1975.
Bibliography: p.
1. Ponge, Francis—Criticism and interpretation.
I. Title. II. Title: Signsponge.
PQ2631.0643Z62 1984   841'.914   83-15118
ISBN 0-231-05446-7 (alk. paper)

Columbia University Press
New York   Guildford, Surrey
English translation copyright © 1984 Columbia University Press
All rights reserved
French text © 1976, 1977, and 1984 Jacques Derrida

Portions of the French text have appeared in DIGRAPHE
and
in *Francis Ponge: Colloque de Cerisy*

PRINTED IN THE UNITED STATES OF AMERICA

*Clothbound editions of Columbia University Press books are
Smyth-sewn and printed on permanent and durable acid-free paper*

à Paul de Man

CONTENTS

GREENWOOD

The work here presented is the text of *Signéponge,* portions of which were originally delivered as a lecture before the Colloquium on Francis Ponge, held at Cerisy-la-Salle in July of 1975, and subsequently delivered as the inaugural seminar on The Thing, the first of a series taking place over a period of three years at Yale University (Heidegger/Ponge, Heidegger/Blanchot, Heidegger/Freud). Since only two fragments of *Signéponge* have been published elsewhere, this edition marks its first appearance in printed form as a complete and integrated essay.

Try as we have to make the English rendition as exact as possible, it is the case that *Signéponge* resists translation altogether. In part this is due to its intricate syntax, its infinite anagrams and labyrinthine homonyms. As for the rest . . . let us simply remark that Derrida has committed a singular work whose proper name is *Signéponge,* of which the English equivalent, *Signsponge,* is an alias or *nom de plume.*

Among its many claims to the singular, *Signéponge* proposes a genuinely new "science" of reading. In the event, it substitutes, for the old codes of literary analysis (formalist, philological, psychological, or whatever), a constellation of premises that will surely strike the Anglo-American reader as very foreign indeed. Among these, the most difficult to keep in mind may be the concept of the *mise en abyme,* that old heraldic term designating the device whereby the image of a shield is represented on the surface of a shield. In literary parlance, the *mise en abyme,* or "placement in abyss," is meant to designate the way in which the operations of reading and writing are represented in the text, and *in advance,* as it were, of any other possible reading. In ways that the reader can never bypass, the role itself of the reader is perpetually spelled out beforehand; and if the reader ever hopes to come forth with a new reading, he or she must, as an essential preliminary, read off the reading lesson already at work in the work at hand. It is as if the work, in response to a question of the type "Is there a text in this class?" were to answer "of course! and the class where you find it is the text that you find in the class . . ." (We should add, parenthetically, that Derrida extends the concept of the *mise en abyme* far beyond its conventional

value as a mirror image; he always links it to the [nonrepresentational] structure of the *trace* or *mark* as originary repetition, the basis of any representation or image, the mirror image included.)

Derrida draws on a variety of inspirations for his new science—"a science which itself engages in a rather singular relationship with the very name of science"—and these are signalled within the text of *Signéponge* itself. Among them, certainly, is the work of Francis Ponge, arguably the strongest poet to come out of France since Paul Valéry. Another inspiration, certainly, is the later work of Martin Heidegger, meditating on the topics of "the thing," the "gift," the "work of art," and "the event." There is an immediate inspiration as well, no doubt, in the rhetorical studies of Gerard Genette, whose *Mimologiques* is precisely contemporaneous with *Signéponge*. Finally, *Signéponge* turns, and turns again, upon a series of themes to be found throughout the *corpus* of Derrida's own writing: thus, where "Signature, Event, Context" anticipates the cosigning of the (fantastic) contract between poet and thing, *Signéponge* itself anticipates the entire question of the *alea* developed in *La Carte Postale, Télépathie,* and *Mes Chances.* . . . We might continue in this vein, were it not that the very notion of "source" is an object of the most unsettling scrutiny on every page of Derrida's work.

There were some hard choices to make in translation, and at times there was no choice of any kind at all. We have elected, for example, to translate *jouissance* with the word "joyance" and its cognates: "joyance," which was first employed by Edmund Spenser, and which occurs as recently as Coleridge, carries, along with the principle meaning of "delight," the erotic value of *jouissance*. And so we joy in its resurrection! Likewise, we have elected to translate *bande* and *bander,* on occasion, as "bound," a word which, as an intransitive verb, means "to spring upward"—the closest we could come to the French meanings of "erection" and "have an erection," while keeping also its other senses of "limit," "tying," and the like. Needless to say, furthermore, that there are various puns in *Signéponge*—more than one signspun, as it were— having yet to yield a persuasive English equivalent, most notably *pain/ pin, faut/faux, s'endette/sans dette, la mie/l'amie, le bord/l'abord,* to say nothing of *pas/pas, bois/bois, abyme/abîme* and so on to infinity. This

irreducible and baffling stratum in itself made the task of translating *Signéponge* a necessary and inescapable enterprise.

I would like to close by thanking Alan Bass, Geoffrey Bennington, and Barbara Johnson for their generosity in reviewing the manuscript of *Signsponge* at various points in its gestation. Thanks as well to William Germano, Andrew De Rocco, Michael Rosenbaum, Frederick Sherman, and Robert Young for material help along the way. Thanks, finally, to Jacques Derrida himself, who has faithfully followed this little wager with an attentive, if ashen, regard.

(I myself regard *Signéponge* as the most irruptive essay on literature to have come before the English-speaking public since Mallarmé's *La Musique et les lettres* [1894], and I wish it the best of luck in the years ahead.)

R. R.

January 4, 1984

Signéponge

Signsponge

FRANCIS PONGE—from here I call him, for greeting and praise, for renown, I should say, or renaming.

Much would depend on the tone I want understood. A tone is decisive; and who shall decide if it is, or is not, part of discourse?

But then he is already called, Francis Ponge. He will not have waited for me to be called himself.

As for renown or renaming, that is his thing.

I could have started just as I did: by playing around with the fact that the entire name of Francis Ponge (no deduction drawn from it yet by me) can, in accord with the overture made him a moment ago, very well form the whole of an interpellation, apostrophe, or greeting addressed to him. Not only in his presence but to his presence, the very same, here and now, that opens up my call with an indisputable reference, one which my language will never have a chance to close on, and one which it will never have a risk to run with. The name can, however, with no deduction on my part and as one entire sound, also designate, and do so in its entirety. It can give him, for you, the name of Francis Ponge, himself, with a silent indication accompanying the call: here is Francis Ponge, it is him that I name as a third person while pointing my finger. Finally, as a third operation, I can name his name in this way. Not him, and not with a deictic manifestation, but his name, which can always do without him: its name, shall I say, is Francis Ponge. The name of Francis Ponge is Francis Ponge. "Francis Ponge" is the name of his name. One can always say this.

This is all very equivocal, and I see him asking himself a number of things, as well as the thing itself. To whom am I speaking in this way, and about what?

Will I remove the equivocation by starting some other way?

I start some other way.

Francis Ponge will have been self-remarked.

I just pronounced a sentence. It can be repeated, by me or by you if you cited it some day. Nothing will keep you from putting it into quotation marks, which it promptly hastens to furnish you. You can put it out to dry—it's still very fresh—with the kind of clothespins that are used now and then by photographers to develop a print. Why clothes-

FRANCIS PONGE — d'ici je l'appelle, pour le salut et la louange, je devrais dire la renommée.

Cela dépendrait beaucoup du ton que je donne à entendre. Un ton décide; et qui décidera s'il appartient ou non au discours?

Mais déjà il s'appelle, Francis Ponge. Il ne m'aura pas attendu pour s'appeler lui-même.

Quant à la renommée, c'est sa chose.

J'aurais pu commencer comme je viens de le faire : en jouant de ce que le nom entier de Francis Ponge (je n'en déduis encore rien), selon l'ouverture qu'à l'instant je lui fais, peut aussi bien former le tout d'une interpellation, apostrophe ou salut à lui adressé. Non seulement en sa présence mais à sa présence, celle-là même qui ouvre ici, maintenant, ma vocation d'une référence indiscutable et sur laquelle mon langage n'a aucune chance de se refermer désormais, aucun risque non plus à courir. Mais sans que j'en déduise rien, le nom peut en son entier désigner. Il peut le nommer, Francis Ponge, lui, pour vous, d'une indication silencieuse accompagnant l'appel : voici Francis Ponge, c'est lui que je nomme comme une troisième personne en le montrant du doigt. Je peux enfin, troisième opération, nommer ainsi son nom. Non pas lui, et sans manifestation déictique, mais son nom qui peut toujours se passer de lui : son nom, dirai-je, c'est Francis Ponge. Le nom de Francis Ponge est Francis Ponge. «Francis Ponge» est le nom de son nom. On peut toujours le dire.

Tout cela est très équivoque, et je le vois qui se demande bien des choses, et la chose même. A qui et de quoi est-ce que je parle ainsi?

Lèverai-je l'équivoque à commencer autrement?

Je commence autrement.

Francis Ponge se sera remarqué.

C'est une phrase que je viens de prononcer. Elle peut être répétée, par moi ou par vous si un jour vous la citiez. Rien n'interdira de la prendre entre des guillemets qu'elle s'empresse de vous fournir aussitôt. Vous pouvez la mettre à sécher, elle est encore toute fraîche, avec telles épingles à linge, comme font parfois les photographes dans le développement du cliché. Pourquoi des épingles à linge, demanderez-vous. Nous ne le savons pas encore, elles font aussi partie, comme les guillemets, du négatif à développer.

3

pins, you will ask. We don't know as yet; they also form, like quotation marks, a part of the negative that is being developed.

In any case, I assume the risk of this attack, as I must, in order to print a legendary look on my sentence.

Francis Ponge will have been self-remarked. I have just called this sentence, I have just given a name to a sentence. To a sentence, not to a thing, and I have, among other things, called it an attack.

Attack, in French, forms a very hard word, which nevertheless, and very promptly, falls into pieces. As for the thing thus attacked in the attack, however, falling into pieces is not in any way ruinous; on the contrary, it monumentalizes.

In the rhetorical code: an attack, the first piece, designates, in French, the first piece of a text, of a theatrical scene or an act, the intrusive intervention of a preliminary speech act which no longer leaves you in peace, a place or instant which makes the decision for you: you won't be left alone any more.

I am betting today that this gripping force of an attack never occurs without a scratch; never, in other words, without some scene of signature.

An attack is another piece, because I seem to be setting my hands on someone present here who bears this name, and bears it in a great many ways for my deduction, one of which, at least, comes down to letting oneself be borne by it. Do I seem to be hinting that, in thus remarking himself, he overdoes it a bit? It's as if I said: he makes too much of it, he will not pass unnoticed. And elsewhere, such is the paradox, no less than here. In the history of literature, for example, and of French literature *par excellence,* although he may have marked it with too many original strokes simply to belong to it, as an example.

I don't believe it at all, but if I were to believe that a proposition acquired its pertinence by miming its subject matter and letting the thing speak (and the thing here is Francis Ponge), I would justify my attack in the name of *mimesis.* At the same time, I would deliberately set aside the too difficult question announced by this word; it escapes any frontal approach, and the thing I am going to talk about obliges me to reconsider *mimesis* through and through, as an open-ended question, but also as a miniscule vanishing point at the already sunlit abyssal

4

En tous cas je prends le risque de cette attaque, et je le dois pour imprimer à ma phrase une allure légendaire.

Francis Ponge se sera remarqué. Je viens d'appeler cette phrase, j'ai donné un nom à une phrase. A une phrase, non pas à une chose, et je l'ai appelée, entre autres choses, une attaque.

Attaque en français forme un mot très dur qui néanmoins, tout aussitôt, tombe en pièces. Mais pour ce qui s'attaque ainsi dans l'attaque, tomber en pièces, cela ne ruine rien, monumentalise au contraire.

Code rhétorique : attaque, première pièce, nomme en français la première pièce d'un texte, d'une scène ou d'un acte de théâtre, l'intruse intervention d'un premier acte de parole qui ne vous laisse plus en paix, ce lieu ou cet instant qui décident pour vous : on ne vous lâchera plus.

Mon pari aujourd'hui, c'est que cette force saisissante de l'attaque ne va jamais sans la griffe, autrement dit sans quelque scène de signature.

Attaque, c'est une autre pièce, parce que j'ai l'air de m'en prendre à quelqu'un qui porte, ici présent, ce nom, et le porte de tant de façons que je déduirai, dont l'une au moins revient à se laisser porter par lui. N'ai-je pas l'air de laisser entendre qu'à se remarquer ainsi, il le fait un peu trop? Comme si je disais : il en fait trop, il ne sera pas passé inaperçu. Et ailleurs, c'est le paradoxe, non moins qu'ici. Par exemple dans l'histoire de la littérature, par excellence la française, encore qu'il l'ait marquée de trop de premiers coups pour lui appartenir simplement, comme par exemple.

Je n'en crois rien mais si je croyais qu'un propos devient pertinent à mimer son sujet et à laisser parler la chose (la chose ici, c'est Francis Ponge), je justifierais mon attaque au titre de la *mimesis*. Aussitôt je laisserais délibérément de côté la question trop difficile qui s'annonce sous ce mot; elle se dérobe à tout abord frontal et la chose dont je parlerai oblige à la reconsidérer de part en part, comme une question sans limite mais aussi comme un point minuscule et perdu au fond de l'abîme ensoleillé déjà du mimosa. «*Mimeux* : se dit des plantes qui,

depths of the mimosa. "*Mimo-*: said of plants which contract when touched. Mimic plants. Etym.: from *mimus,* because these plants, when contracting, seem to represent the grimaces of a mime." *Mimosa.*

What is it, therefore, which I will have mimed, parodied, and barely displaced? Let us set out *The notebook of the pine forest:* "Pine forest, take off from death, from the non-remark, from non-consciousness! [. . .] Rise up, pine forest, rise up in speech. No one knows you. —Furnish your formula.—It is not for nothing that you have been remarked by F. Ponge. . . ." Here the forename contracts to the initial letter, but this will not authorize us to omit it as a barely memorable piece of evidence.

I am no longer merely miming the thing named Francis Ponge from the moment that, this time, I announce that "Francis Ponge will have been self-remarked." It is no longer something about pine forests called to surrection and remarked by the poet who tells them about himself. In my attack, the one who is remarked is also the remarker: reflective and resolute. Francis Ponge will have been *self*-remarked. Remarker is a word that I associate with the voyeur who never misses a thing (here, the voyeur of his name, the voyeur in his name, the voyeur from his name), and also with those big felt-tipped tubes that are hard to hold in one's fingers when writing: they call that a marker.

The Francis Ponge thing itself will have been self-remarked. And if I add—this would be my bet—itself and nothing else, it is not for the deduction, subtraction, or reduction of the slightest thing in the world. It is, rather, slightly the opposite.

Between the pine forest and Francis Ponge (the remarked and the remarker), there is not, perhaps, as great a difference as I have pretended to put there. No doubt the signer is still called himself in those pine forests which he indefatigably describes as a "fabrication of dead wood" and which he wants to see erected "in speech." The thing itself already remarks itself, is perceived under the form of a monumental, colossal signature, his very *colossos,* the double of the dead man in erection, a rigid cadaver, still standing, stable: the table and the statue of the remarker.

Thus I have simulated the debt, as he has, and also mimed *mimesis.*

My attack therefore becomes—an endpiece—his attack when it attacks *itself.* By means of it he seizes himself, cuts into himself and signs

lorsqu'on les touche, se contractent. Les plantes mimeuses. Etym. : de *mimus,* parce qu'en se contractant ces plantes semblent représenter les grimaces d'un mime.» *Le mimosa.*

Qu'aurai-je donc mimé, parodié, déplacé à peine? Mettons *Le Carnet du bois de pins* : «Bois de pins, sortez de la mort, de la non-remarque, de la non-conscience! [. . .] Surgissez, bois de pins, surgissez dans la parole. L'on ne vous connaît pas. — Donnez votre formule. — Ce n'est pas pour rien que vous avez été remarqués par F. Ponge. . .». Le prénom se contracte ici dans l'initiale majuscule mais cela ne nous autorisera pas à l'omettre comme un témoin peu mémorable.

Je ne mime plus tout à fait la chose nommée Francis Ponge dès lors que, cette fois, j'énonce «Francis Ponge se sera remarqué.» Il ne s'agit plus des bois de pins appelés à la surrection et remarqués par le poète qui leur parle de lui. Dans mon attaque, le remarqué, c'est aussi le remarqueur : réfléchi et résolu. Francis Ponge *se* sera remarqué. Remarqueur est un mot que j'associe à la fois au voyeur qui n'en perd pas une (ici le voyeur de son nom, le voyeur en son nom, le voyeur depuis son nom) et à ces gros tubes à bout feutré qu'on a du mal à tenir entre les doigts pour écrire : on appelle cela un marqueur.

La chose Francis Ponge se sera remarquée elle-même. Et si j'ajoute, ce serait mon pari, elle-même et rien d'autre, ce n'est pas pour déduire, soustraire ou diminuer le moins du monde. C'est même un peu le contraire.

Entre le bois de pins et Francis Ponge (le remarqué et le remarqueur) il n'y a peut-être pas toute la différence que j'ai feint d'y mettre. Sans doute le signataire s'appelle-t-il encore lui-même dans ces bois de pins qu'il décrit inlassablement comme une «fabrique de bois mort» et qu'il veut faire s'ériger «dans la parole». La chose se remarque déjà elle-même, elle s'aperçoit sous la forme d'une signature monumentale, colossale, son *colossos* même, double du mort en érection, cadavre rigide, encore debout, stable : la table et la statue du remarqueur.

Comme lui, j'ai donc simulé la dette et encore mimé la *mimesis.*

Mon attaque devient alors, dernière pièce, son attaque quand elle s'attaque. Par elle il se saisit de lui-même, il s'entame et se signe à

himself to death: to death, releasing himself thereby to be free of his name, whose side he will have taken, having also taken his own side and taken account.

At the beginning is not the attack, but at the end, something he has also understood ahead of me. See what he says and does with attack in the last lines of the *Malherbe*.

I must certainly begin over again.

Let it be with the statement just made ("Francis Ponge will have been self-remarked"). I now set it in parentheses and in quotation marks. The repetition redoubles the mark and is added to itself. The *re*mark also provides, in the text of Ponge and elsewhere, a supplementary mark in abyss. Reflection folds the thing remarked in the direction of the one who does the remarking. Francis Ponge will have been *self*-remarked. But is it himself that he is remarking, or his name instead? Unless it is his name that has done it? Or again, as a more bizarre but more probable hypothesis—a chiasmus changing places on the way—has his name remarked Francis Ponge, the one who bears it? The statement ("Francis Ponge will have been self-remarked") also tends, in our language, toward the impersonality of the "one" (he will have *been* remarked, *one* will have remarked him). This singular future perfect is at once fictive, prophetic, and eschatological, challenging you to know what original present or last judgment it belongs to, and there is, finally, the following: beginning with a proper name ("Francis Ponge . . . ."), and letting you suppose a capital letter doubly initial, I no longer let you know with any peaceful certainty whether I designate the name or the thing.

The ambiguity would have been removed if I had said, on the one hand, "The name of Francis Ponge will have been self-remarked," or, on the other hand, "the one who calls himself Francis Ponge will have been self-remarked." But by leaving Francis Ponge in an overture, all alone in the place of the sovereign subject, where nothing will have preceded the name, I am letting you hear it rather than read it, in order to find there the necessarily invisible quotation marks surrounding the proper name. From you I withdraw the power of deciding, but also perhaps from him who finds himself taking part in this assembly, barely in attendance with his name. You would not know how to operate frankly in a French language purified of all equivocation.

8

mort : à mort, donc se désaisissant pour se libérer de son nom dont il aura pris le parti, pris son parti aussi et tenu compte.

Au commencement n'est pas l'attaque, mais à la fin, il l'a aussi compris avant moi. Voyez ce qu'il dit, et ce qu'il fait, de l'attaque aux dernières lignes du *Malherbe*.

Il faut bien que je recommence.

Soit l'énoncé de tout à l'heure («Francis Ponge se sera remarqué»). Je le mets maintenant entre parenthèses et entre guillemets. La répétition redouble la marque et s'ajoute à elle-même. La *re*marque donne aussi, dans le texte de Ponge et ailleurs, une marque supplémentaire en abyme. La réflexion plie le remarqué vers celui qui remarque. Francis Ponge *se* sera remarqué. Mais s'est-il remarqué lui-même ou bien son nom? A moins que son nom ne l'ait fait lui-même? Ou encore, hypothèse plus bizarre mais plus probable, chiasme qui change les lieux en cours de route, son nom a-t-il remarqué Francis Ponge, son porteur? L'énoncé («Francis Ponge se sera remarqué») dérive aussi, dans notre langue, vers l'impersonnalité du «on» (il aura *été* remarqué : *on* l'aura remarqué). Ce singulier futur antérieur est à la fois fictif, prophétique et eschatologique, il vous met au défi de savoir à quel présent d'origine ou de jugement dernier il s'ordonne; enfin il y a ceci : commençant par un nom propre («Francis Ponge . . .»), donnant à entendre une majuscule doublement initiale, je ne vous laisse plus savoir d'une certitude reposante si ce que je désigne, c'est le nom ou la chose.

L'ambiguïté eût été levée si j'avais dit d'une part : «Le nom de Francis Ponge se sera remarqué»; ou d'autre part : «celui qui s'appelle Francis Ponge se sera remarqué». Mais à laisser Francis Ponge en ouverture, seul à la place du sujet souverain dont rien n'aura précédé le nom, je vous le donne à entendre et non à lire pour y chercher les guillemets nécessairement invisibles autour du nom propre. Je vous retire, mais à lui peut-être aussi qui se trouve faire partie de l'assemblée, à peine assistant à son nom, le pouvoir de trancher. Vous ne sauriez opérer franchement dans une langue française purifiée de toute équivoque.

And if, at last, I say: Francis Ponge will be my thing today, what will have been the consequence?

Necessarily multiple.

1. After the words which I just pronounced, you still don't know what the names Francis and Ponge signify; whether, for example, they are the names of names, the names of things or the names of persons. You will not be able to decide whether the thing or the person I am speaking of is *one,* or what it is or who it is. Above all, I am pretending to mime *The rage of expression* so as to subject myself to the law of his text, either by reproducing it or transgressing it, which also returns to it, *infringing* it in the process of making a sign towards it: in effect I know, myself, as others here can also know, that I cite only myself. I myself cite me in the first place, opposing my law to his, consigning, in today's event, an allusion to something else which had already taken place at Cerisy. Three years ago, debating with Nietzsche's styles, I had here pronounced: "Woman will be my subject." You will say that "Francis Ponge will be my thing today" is something else, that the sentence is very different. You can always say so and will be all the more justified in so doing because of the difference of a "today."

But today is volatile too. Volatizing his today, I violate his signature, in other words his volet "(Signed from inside)": "But it is today—and take account of what is today in a text by Francis Ponge—it is today, therefore, that, for eternity, the volet will have grated, will have cried, weighed, turned on its hinges, before being slammed back impatiently against this white page.

"It will have sufficed to think of it; or better yet, to write it.

"Stabat a volet."

Take account of what is today in a text by Francis Ponge! And, therefore, in our own!

How does a signature let itself be volatized?

2. "Francis Ponge will be my thing" should give us an opportunity to test out the law of the thing.

No longer simply the *natura rerum,* about which he speaks very well to us, but the law of the thing. Not the law which rules the order of

Et si je dis enfin : Francis Ponge aujourd'hui sera ma chose, quelle en aura été la conséquence?

Nécessairement multiple.

1. Après les mots que je viens de prononcer, vous ne savez toujours pas ce que signifient les noms de Francis et Ponge, si ce sont par exemple des noms de noms, des noms de chose ou des noms de personne. Vous ne pouvez pas décider si la chose ou la personne dont je parle en est *une,* ce qu'elle est ou qui elle est. Surtout, je feins de mimer *La rage de l'expression* pour me soumettre à la loi de son texte, que je la reproduise ou la transgresse, ce qui revient encore à elle, à la *franchir* en faisant signe vers elle : en fait je sais, moi, et d'autres ici peuvent le savoir, que je ne cite que moi. Je me cite d'abord moi-même, opposant à sa loi la mienne, consignant dans l'événement d'aujourd'hui l'allusion à tel autre qui eut à Cerisy déjà lieu. Il y a trois ans, me débattant avec les styles de Nietzsche, j'avais ici prononcé : «La femme sera mon sujet». «Francis Ponge aujourd'hui sera ma chose», direz-vous, c'est autre chose, la phrase est bien différente. Vous pouvez toujours le dire et serez d'autant plus justifiés à le faire par la différence d'un «aujourd'hui».

Mais aujourd'hui est encore un vol. Lui volant son aujourd'hui, je lui vole sa signature, à savoir son volet «(Signé à l'intérieur)» : «Mais voici qu'aujourd'hui — et rendez-vous compte de ce qu'est aujourd'hui dans un texte de Francis Ponge — voici donc qu'aujourd'hui, pour l'éternité, aujourd'hui dans l'éternité le volet aura grincé, aura crié, pesé, tourné sur ses gonds, avant d'être impatiemment rabattu contre cette page blanche.

«Il aura suffi d'y penser; ou, plus tôt encore, de l'écrire.

«Stabat un volet.»

Rendez-vous compte de ce qu'est aujourd'hui dans un texte de Francis Ponge! Et dans le nôtre, donc!

Comment une signature se laisse-t-elle voler?

2. «Francis Ponge sera ma chose», cela doit nous donner à éprouver la loi de la chose.

Non plus simplement la *natura rerum* dont il nous parle bien, mais la loi de la chose. Non pas la loi qui règle l'ordre des choses, celle dont

things, the one which sciences and philosophies know, but the *dictated* law. I speak of a law dictated, as in the first person, by the thing, with an intractable rigor, as an implacable command. This command is also an insatiable demand; it enjoins the one who writes, and who writes under this order alone, in a situation of radical heteronomy in regard to the thing.

Insatiable, yes, and insaturable, a point I insist on since it always also involves water, and thirst. He never has enough, neither of water nor of thirst.

In the disproportion of this heteronomy, an erotics engages itself between two laws, a duel to the death whose bed and turf, object or objective (objest) will always sketch out a signature in the *pre* of a text in abyss.

This duel, which puts into play the life and honor of the name, calls for some intercessors and witnesses. We shall seek them out.

Many a ponderosity has been put to use in the so-called question of anthropomorphism. Does Ponge return to the thing itself? Is Ponge a phenomenologist? Does he, on the contrary, project human meanings (psychological, subjective, etc.) onto things? And other more subtle variants, which nevertheless turn in the same rut. He himself has responded to all those questions, it suffices to go there, to see and to read—what he has said, for example, to an American academic, *obstinately.*

What to my knowledge has been misunderstood, and what the whole rut of anthropomorphism was undoubtedly destined to avoid or deny (and he has often been in agreement with it), is, perhaps, the following: for him, the thing is not something you have to write, describe, know, express, etc., by foraging within it *or* within ourselves, according to the alternating circuit of the rut. It is this too, certainly, and abundantly so, and hence there arises a just confusion. But not in the first place, and not simply. The thing is not just something conforming to laws that I discuss objectively (adequately) or, on the contrary, subjectively (anthropomorphically). Beforehand, the thing is the other, the entirely other which dictates or which writes the law, a law which is not simply natural (*lex naturae rerum*), but an infinitely, insatiably imperious injunction to which I ought to subject myself, even when this involves

connaissent les sciences et les philosophies, mais la loi *dictée*. Je parle d'une loi dictée, comme en première personne, par la chose, avec une rigueur intraitable, comme un commandement implacable. Ce commandement est aussi une demande insatiable, elle enjoint à celui qui écrit, et qui n'écrit que sous cet ordre, en situation d'hétéronomie radicale au regard de la chose.

Insatiable, oui, et non saturable, j'y insiste car il y va toujours aussi de l'eau, et de la soif. Il n'en a jamais assez, et d'eau et de soif.

Dans la disproportion de cette hétéronomie, une érotique s'engage entre deux lois, un duel à mort dont le lit ou le terrain, l'objet ou l'enjeu (l'objeu) dessine toujours une signature dans le *pré* d'un texte en abyme.

A ce duel qui met en jeu la vie et l'honneur du nom il faut des intercesseurs, des témoins responsables. Nous les chercherons.

On a usé bien des poncifs autour de la question dite de l'anthropomorphisme. Ponge revient-il à la chose même? Ponge est-il phénoménologue? Projette-t-il au contraire des significations humaines (psychologiques, subjectives, etc.) dans les choses? et autres variantes plus subtiles mais autres tours du même manège. Il a lui-même répondu à toutes ces questions, il suffit d'aller y voir et de lire, par exemple ce qu'il a dit à un universitaire américain, avec *opiniâtreté*.

Ce qui à ma connaissance a été méconnu, et que tout le manège sur l'anthropomorphisme était sans doute destiné à éviter ou à dénier, (et il s'y est souvent prêté) c'est peut-être ceci : la chose pour lui, ce n'est pas quelque chose qu'il faut écrire, décrire, connaître, exprimer, etc., en fouillant en elle *ou* en nous, selon l'alternative circulaire du manège. C'est aussi cela, bien sûr, et abondamment, d'où le droit à la confusion. Mais ni d'abord ni seulement. La chose n'est pas quelque chose qui se conforme à des lois dont j'aurais à parler de façon objective (adéquate) ou au contraire subjective (anthropomorphique). D'abord la chose est l'autre, le tout autre qui dicte ou qui écrit la loi, une loi qui n'est pas simplement naturelle (*lex naturae rerum*) mais une injonction infiniment, insatiablement impérieuse à laquelle je dois m'assujettir, quitte à

trying to acquit myself afterwards, at the end of a duel, having offered it, with my life and desire, something akin to my signature. We will come to this later on: this dictate, this inscription can require the muteness of the thing. It gives orders while remaining silent.

The duel and the gift carry on to the death. The thing remains an other whose law demands the impossible. It does not demand this thing or that, something which could turn out to be impossible. No, it demands the impossible, and demands it because it is impossible, and because this very impossibility is the condition of the possibility of demand.

There are, for example, *Reasons for living happily:* "These returns of joy, these refreshments [retain, for a moment, that freshness and its return in refreshment; he holds it very dear, the thing and the word, which we ought to follow by beginning to draw out his forename on that monumental pedestal, around which there is much for us to do, as if we were somewhat archeological tourists—J.D.] in remembrance of sensory objects, these are exactly what I call reasons for living.

"If I name them reasons, it is because they are returns of the mind to things. There is only the mind to refresh things. Let us also note that those reasons are just or valuable only when the mind returns to things in a manner acceptable to things: when things are not injured, and when they are described, so to speak, from their own, proper point of view.

"But this is a goal, an impossible perfection. [. . .] It is not things which speak among themselves, but men among themselves who speak about things, and we can never get away from man."

Thus the thing would be the other, the other-thing which gives me an order or addresses an impossible, intransigent, insatiable demand to me, without an exchange and without a transaction, without a possible contract. Without a word, without speaking to me, it addresses itself to me, to me alone in my irreplaceable singularity, in my solitude as well. I owe to the thing an absolute respect which no general law would mediate: the law of the thing is singularity and difference as well. An infinite debt ties me to it, a duty without funds or foundation. I shall never acquit myself of it. Thus the thing is not an object; it cannot become one.

tenter de m'acquitter ensuite, en fin de duel, après lui avoir offert, avec ma vie et mon désir, quelque chose comme ma signature. Plus tard nous y viendrons : cette dictée, cette inscription peuvent requérir le mutisme de la chose. Elle ordonne en se taisant.

Le duel et le don vont à la mort. La chose reste un autre dont la loi demande l'impossible. Elle ne demande pas ceci ou cela, quelque chose qui se trouverait être impossible. Non, elle demande l'impossible, elle demande cela même qui est impossible, elle le demande parce qu'impossible et parce que cette impossibilité même est la condition de possibilité de la demande.

Voilà par exemple les *Raisons de vivre heureux* : «Ces retours de la joie, ces rafraîchissements [retenez un moment la fraîcheur et son retour dans le rafraîchissement, il y tient beaucoup, à la chose et au mot, que nous devons suivre pour commencer à dégager son prénom sur le socle monumental autour duquel nous nous affairons comme des touristes un peu archéologues — J.D.] à la mémoire des objets de sensations, voilà exactement ce que j'appelle raisons de vivre.

«Si je les nomme raisons c'est que ce sont des retours de l'esprit aux choses. Il n'y a que l'esprit pour rafraîchir les choses. Notons d'ailleurs que ces raisons sont justes ou valables seulement si l'esprit retourne aux choses d'une manière acceptable par les choses : quand elles ne sont pas lésées, et pour ainsi dire qu'elles sont décrites de leur propre point de vue.

«Mais ceci est un terme, ou une perfection impossible. [. . .] Ce ne sont pas les choses qui parlent entre elles mais les hommes entre eux qui parlent des choses et l'on ne peut aucunement sortir de l'homme.»

La chose serait donc l'autre, l'autre-chose qui me donne un ordre ou m'adresse une demande impossible, intransigeante, insatiable, sans échange et sans transaction, sans contrat possible. Sans un mot, sans *me* parler, elle s'adresse à moi, à moi seul dans mon irremplaçable singularité, dans ma solitude aussi. A la chose je dois un respect absolu que ne médiatise aucune loi générale : la loi de la chose, c'est aussi la singularité et la différence. A elle me lie une dette infinie, un devoir sans fond. Je ne m'en acquitterai jamais. La chose n'est donc pas un objet, elle ne peut le devenir.

Is it, for all this, a subject?

The *thou must* of the thing is not the order of a subject either, at least insofar as it is not an impossible subject, in the first place because it does not speak. If the *thou must* were a discourse, the order would begin to be transformed in exchange, with a contract and a transaction. The subjectivity of the thing would open up a milieu of reappropriation, a relation of the thing to itself which would interact with itself. The thing would exchange itself with itself.

Now the thing is an insatiable *thou must* only to the extent that is remains beyond exchange and priceless. Hence the impossibility of reappropriation and the moments of depressed impotence, we have just seen one, but there is also the dance of an erection just before the moment at which it "jubilates" and "joys." Thus the thing can only be represented, in the process of exchange, by a person, or rather by a terrible mistress, all the more tyrannical in that she remains silent, in that I have to give her even the very order that she gives to me, the order being one that I can only hope to carry out through the power of an infinitely singular writing, of a signature, as I shall presently say. This *thou must* of the thing that never has enough, as *represented* by a person necessarily silent and anonymous, can be seen leaning over in these italics in a Preface to *Proems: "It all happens (or so I often imagine) as if, from the time I began to write, I had been running, without the slightest success, 'after' the esteem of a certain person.*

"Where this person may be, and whether or not she deserves my pursuit, is of little importance."

It then appears that the anonymous person always says to him no, this is not enough, the gift does not satisfy me. But, and any self-respecting Ponge can be found here, this does not rule out the possibility of deciding, of engaging new outlays, or more precisely, of incurring fresh *"charges." "Then and there, I made a decision. 'The one thing left, I thought (I could no longer back out) is to take on the shame of publishing this junk so as to gain, in so doing, the esteem that I cannot do without.'"*

"We shall see . . . But already, since I do not create very many illusions for myself, I have incurred some fresh charges elsewhere."

Est-ce pour autant un sujet?

Le *tu dois* de la chose n'est pas davantage l'ordre d'un sujet, à moins que ce ne soit d'un sujet impossible, d'abord parce qu'il ne parle pas. Si le *tu dois* était un discours, l'ordre commencerait à se transformer en échange, avec contrat et transaction. La subjectivité de la chose ouvrirait un milieu de réappropriation, un rapport à soi de la chose qui s'entretiendait avec elle-même. La chose s'échangerait avec elle-même.

Or la chose n'est un *tu dois* insatiable que dans la mesure où elle reste hors d'échange et sans prix. D'où l'impossibilité de la réappropriation et les moments d'impuissance déprimée, on vient d'y assister, mais il y a aussi la danse de l'érection, tout près du moment où ça «jubile» et «jouit». La chose ne peut ainsi qu'être représentée, dans l'échange, par une personne, plutôt par une maîtresse terrible, d'autant plus tyrannique qu'elle reste muette, qu'il faut lui donner jusqu'à l'ordre qu'elle me donne et dont je ne peux rêver de m'acquitter que par la puissance d'une écriture infiniment singulière, je dirai tout à l'heure d'une signature. Le *tu dois* de la chose qui n'en a jamais assez, *représenté* par une personne nécessairement silencieuse et anonyme, le voici penché dans les italiques d'une Préface aux *Proêmes* : «*Tout se passe (du moins l'imaginé-je souvent) comme si, depuis que j'ai commencé à écrire, je courais, sans le moindre succès, «après» l'estime d'une certaine personne.*

«*Où se situe cette personne, et si elle mérite ou non ma poursuite, peu importe.*»

Il apparaît ensuite que la personne anonyme lui dit toujours non, ce n'est pas assez, le don ne me contente pas. Mais, tout Ponge qui se respecte est là, cela n'empêche pas la décision, et d'engager de nouvelles dépenses, plus précisément des «*frais*» nouveaux. «*Dès lors, je me décidai. ‹Il ne me reste plus, pensai-je (je ne pouvais plus reculer), qu'à publier ce fatras à ma honte, pour mériter par cette démarche même, l'estime dont je ne peux me passer›*».

«*Nous allons voir . . . Mais déjà, comme je ne me fais pas trop d'illusions, je suis reparti d'ailleurs sur de nouveaux frais.*»

17

You have the premonition that if a today were not always an idiom, "Francis Ponge will be my thing," I would hardly be lying if I said that this repeats the event "woman will be my subject."

But how, you will say, with the impatience of common sense, can a thing dictate an order? Command? demand? mandate?

Francis Ponge gives the answer. Quite simply (if you listen well) through the fact that he *knows and hears himself* in writing—the thing.

3. What I am risking here ought to be an event.

I am thus doubly submitted to his law. In the first place, and with due regard for the law of consensus that brings us together here, I will have said something only if what I put forward holds for him alone and so has some pertinence, which is another way of saying that it ought to have to do, and even to come into contact, properly, with something like Francis Ponge. I do not yet know what it is or who it is, but if what I say does not touch on its or his name, on what bears this name or mark, on his body or the body of his work, I will not have said or done anything at all, always a possibility for me. Therefore, I ought to submit to the law of his name in some way and whatever I may say. And therefore, even if I subtract from the following words whatever may be repellent and inadmissible today, I must also submit to that which he will have taught us—his name, under his name, about his name. To the work that is done *in his name*. To that which works in the name—as we say in the body—of Francis Ponge. By invoking Ponge's teaching, just as I might have spoken, a moment ago, about Ponge's ethics, I know that I am going to shock—and Ponge just as much, more or less, perhaps, as anyone else (more or less because he dares to speak of his ethics and yet against any morality, of his lesson and yet against all teaching, we will come to that point); but it is always as a means of *attack,* and less to transform him into a man of law, a master or professor, than to advance a little towards that scene where—denying it changes nothing, on the contrary—the ethical or didactic order always constructs this link between the thing and the signature. It would be useless to say that we shall not consider Ponge as a master, or ask him for laws or lessons, let alone transmit them to others while citing him as our authority, for this would be pure denial. So long as his name is the

Vous pressentez que si un aujourd'hui n'était pas toujours un idiome, «Francis Ponge sera ma chose», je mentirais à peine en disant que cela répète l'événement «la femme sera mon sujet».

Mais comment, direz-vous de bon sens impatient, une chose peut-elle dicter un ordre? Commander? demander? mander?

Francis Ponge donne la réponse. Tout simplement (si vous écoutez bien) par le fait qu'il *s'entende* à écrire — la chose.

3. Ce que je risque ici doit être un événement.

Je me soumets ainsi doublement à sa loi. D'abord je n'aurai dit quelque chose, compte tenu du consensus qui fait ici loi pour nous rassembler, que si ce que je propose vaut pour lui seul et détient ainsi quelque pertinence, autre façon de dire que cela doit se rapporter jusqu'au contact, proprement, à quelque chose comme Francis Ponge. Je ne sais pas encore ce que c'est ou qui c'est mais si ce que je dis ne touche pas à son nom, à ce qui porte son nom ou sa marque, à son corps ou à son corpus, je n'aurai rien dit ni rien fait, ce qui peut toujours m'arriver. Je dois donc me soumettre à la loi de son nom de quelque façon et quoi que je dise. Et donc, même si j'ôte à ces mots ce qu'ils peuvent avoir de repoussant et aujourd'hui d'inadmissible, je dois me soumettre à ce qu'il nous aura appris — son nom, sous son nom, de son nom. Au travail qui se fait *en son nom*. A ce qui travaille au nom — comme on dit au corps — de Francis Ponge. En invoquant un enseignement de Ponge, comme j'aurais pu parler tout à l'heure d'une éthique de Ponge, je sais que je vais choquer, et Ponge peut-être plus ou moins qu'un autre (plus ou moins parce qu'il ose parler de son éthique et pourtant contre toute morale, de sa leçon et pourtant contre tout enseignement, nous y viendrons) mais c'est toujours au titre de l'*attaque* et moins pour le transformer en homme de loi, maître ou professeur, que pour avancer un peu vers cette scène où, qu'on s'en défende n'y change rien, au contraire, l'ordre éthique ou didactique construit toujours ce rapport de la chose à la signature. J'aurais beau dire : nous n'allons pas considérer Ponge comme un maître, lui demander des lois ou des leçons, voire en donner à tant d'autres en nous réclamant de lui, ce serait pure dénégation. Dès lors que son nom est ici ma règle, et notre règle à tous, et elle le demeurerait même si le nom seul était là et

rule here, for me and for all of us—and it would remain the same if the name alone were there, and not the thing that bears it—we are under its law. Friendship or admiration change nothing. What I am risking here ought to be an event. It is on the condition of not seeking to dominate his work, or not seeking to enunciate the whole of it, its general law or matrix, not even in a virtual sense, and on the condition of trying to say something very limited, modest, effaced, and singular before the Ponge thing, and letting it breathe *without me*, I say again without me, merely prompting you to go and see for yourselves, that, renouncing any mastery or appropriation, I will have a chance and run the risk of an event. Announcing a discourse on his signature, or rather a eulogy, I therefore warn you that I will treat only a piece, a small piece of his corpus; I will pose, or draw out, a very light, aerolithic, and spongy stone from the monument, perhaps a pumice stone, simply in order to ask how a name properly signed can become one piece among others, a stone of so little weight within a colossal corpus.

With the which, however, it mingles without remainder, there comprising itself, and himself, through and through.

Well then, he will have taught us all the ways to do that, all the operations by which one can make of one's signature a text, of one's text a thing, and, of the thing, one's signature.

The fact is—since I am onto the event, a few words more—that each of his texts is an event: singular, unique, idiomatic, if indeed an event ever happens to itself. Whence the difficulty of giving examples and citations. I expose a problem here: how to cite a text, an example in a demonstration, if every text is unique, the example of nothing other ever, a signature not to be imitated by the general signer and bearer himself. There is nonetheless a law and a typology of the idiom, whence our problem. The drama that activates and constructs every signature is this insistant, unwearying, potentially infinite repetition of something that remains, every time, irreplaceable. It—himself, Ponge—is involved in events because he witnesses his name and his writing, he is always there, behind, explaining to you what he is doing as he does it, but without explaining it or showing it to you, at the very same moment, in such a way that his simulacrum of an explanation is only valid if another text is cast forth for explanation, with no chance of allowing you mas-

non la chose qui le porte, nous sommes sous sa loi. L'amitié ou l'admiration n'y changent rien. Ce à quoi je me risque ici devrait être un événement. C'est à la condition de ne pas chercher à dominer son œuvre, à en énoncer, fût-ce virtuellement, le tout, la loi générale, la matrice, à la condition de dire quelque chose de très limité, modeste, effacé, singulier devant la chose Ponge, la laissant respirer *sans moi*, je dis bien sans moi, vous incitant seulement à aller y voir vous-même, que, renonçant à toute maîtrise ou appropriation, j'aurai la chance et courrai le risque d'un événement. Annonçant un discours sur sa signature, son éloge plutôt, je préviens donc que je ne traiterai que d'une pièce, une petite pièce de son corpus; je poserai ou dégagerai du monument une petite pierre, très légère, aérolithique, spongieuse, une pierre ponce peut-être, simplement pour demander comment un nom proprement signé peut devenir une pièce parmi d'autres, une pierre de si peu de poids dans un corpus colossal.

Avec lequel pourtant elle se confond sans reste, s'y comprenant, et lui, de part en part.

Eh bien, il nous aura appris toutes les manières de faire ça, toutes les opérations par lesquelles on peut faire de sa signature un texte, de son texte une chose et de la chose sa signature.

C'est, puisque j'en suis à l'événement, encore deux mots, que chacun de ses textes est un événement : singulier, unique, idiomatique, si du moins un événement s'arrive jamais à son bord. D'où la difficulté de donner des exemples et des citations. J'expose ici une souffrance : comment citer un texte, exemple dans une démonstration, si chaque texte est unique, exemple d'aucun autre jamais, signature inimitable par le signataire général et porteur du nom lui-même. Il y a pourtant une loi et une typologie de l'idiome, et de là notre souffrance. Le drame qui agit et construit toute signature, c'est cette répétition insistante, inlassable, tendanciellement infinie de ce qui reste, chaque fois, irremplaçable. Il — lui, Ponge — il s'agit d'événements parce qu'il assiste à son nom et à son écriture, il est toujours là, derrière, vous expliquant ce qu'il fait en le faisant, mais sans vous l'expliquer ou vous le montrant, au moment

tery, but never hiding any of his work from you: his body in the process of writing, his relation to the material of the language, to the dictionary that he manipulates, to the editorial machine, to the underside of the apparatus of production, hiding nothing of his ideology, his politics, his economy, of the place or time of the circumstance, etc.; and he is always in the process of signing, hence of dating—a fact which, allowances made for the strange structure of a signature, and also of its topology, of its taking place within and without the text at the border (his name itself will have signified, as we shall see, the border), is not inconsistent with that death or omission of the author of which, as is certainly the case, too much of a case has been made. In this respect, from the edge on which it takes place, his signature will have foiled those excessively loose or crude machines which are as much those of biographical or psychological criticism (or literature), whatever their refinements or modernization may be, as those of formalist or structuralist criticism (or literature), which encloses itself too quickly within what it takes to be the inside of the text, leaving the signature on the outside and sheltered from its being put on stage, into play, or into the abyss. From this border his signature will likewise have gone beyond the two movements that have dominated the reading of his work for almost thirty years, I correctly say dominate, since they do not simply close it off or impoverish it, but constantly reappropriate it. These two movements are opposed, but symmetrical: there was the return to things themselves, toward the outside, and then, towards the inside, the return to language, to the question of language. Ponge the "phenomenologist," then Ponge the theoretician and practitioner of language as an element of literature. He has never said no, and this is not false, but there is the other-thing, which attracts interest in no longer being contented thus. Nor contained within either of these two types of discourse.

Not to detain you too long, I leave it for each to clear up as best he can this singular complication of the event, multiplied by the presence, as they say, here and now, among those who are still listening to me and regarding me, of the signer in person. Absolutely inpersonal.

His signature also regards me. Is this possible?

même, de telle sorte que son simulacre d'explication ne vaille qu'à re-
lancer un autre texte à expliquer sans aucune chance de vous laisser la
maîtrise, mais ne vous cachant rien de son travail : son corps en train
d'écrire, son rapport au matériau de la langue, au dictionnaire qu'il
manipule, à la machine éditoriale, au dessous de l'appareil de production, de son idéologie, de sa politique, de son économie, au lieu et au
moment de la circonstance, etc.; et il est toujours en train de signer,
donc de dater, ce qui, compte tenu de la structure étrange d'une signature, de sa topique aussi, de son avoir lieu dans et hors texte, à la
bordure (son nom même aura signifié, tout à l'heure, la bordure), n'est
pas contradictoire avec cette mort ou omission de l'auteur dont on fait,
c'est le cas de dire, trop grand cas. A cet égard, depuis le bord où elle a
lieu, sa signature aura déjoué ces machines trop lâches ou grossières que
sont aussi bien la critique (ou la littérature) biographique ou psycholo-
giste, quels qu'en soient les raffinements ou la modernisation, que la
critique (ou la littérature) formaliste ou structuraliste qui trop vite
s'enferme dans ce qu'elle croit être le dedans du texte, laissant la signature dehors, à l'abri de sa mise en scène, en jeu ou en abyme. Elle aura
aussi bien, depuis ce bord, excédé les deux mouvements qui dominent
sa lecture depuis près de trente ans, je dis bien la dominent, ne la
ferment pas simplement ni ne l'appauvrissent mais la réapproprient
toujours. Ces deux mouvements sont opposés, mais symétriques : ce
fut, vers le dehors, le retour aux choses mêmes, puis, vers le dedans, le
retour au langage, à la question du langage. Ponge «phénoménologue»,
puis Ponge théoricien et praticien du langage comme élément de la
littérature. Il n'a jamais dit non, et ce n'est pas faux, mais il y a l'autre
chose, qui intéresse à ne plus se contenter ainsi. Ni contenir dans aucun
de ces deux types de discours.

Pour ne pas vous retenir trop longtemps, je laisse chacun se dé-
brouiller comme il le peut avec cette singulière complication de l'événement, multipliée de la présence, comme on dit, ici maintenant, parmi
ceux qui m'écoutent et me regardent encore, du signataire en personne.
Absolument personne.

Sa signature aussi me regarde. Est-ce possible?

I cannot let it wait any longer. In order for the event to take place, I should have to sign, the I would have to sign, and, for that, I should have to do as another, as he. In other words, I should have to give to my text a form that was absolutely proper, singular, idiomatic, hence dated, framed, bordered, truncated, cut, interrupted. Among the *Reasons for living happily,* it having been posed that things should not be "harmed," there is the following: "to give the impression of a new idiom," and for this, "there would have to be not just one rhetoric per author, but one rhetoric per poem." And the *Oral Essay:* ". . . if I envisage a rhetoric, it is a rhetoric per object, not just a rhetoric per poet . . ."

My object, my thing, that which is going to prescribe a rhetoric proper to this event, if it takes place, would be Francis Ponge. If I had asked, as at the outset of a conference or a course, what are we going to talk about? what is the subject today? the answer would have come very quickly: about Francis Ponge, or about the texts of Francis Ponge. But will the question have been about whom or about what?

We always pretend to know what a corpus is all about. When we put the texts of Francis Ponge on our program, we are assured, even if we dismiss the author's biography, of knowing at least what the link is, be it natural or contractual, between a given text, a given so-called author, and his name designated as proper. The academic conventions of literary biography presuppose at least one certainty—the one concerning the signature, the link between the text and the proper name of the person who retains the copyright. Literary biography begins after the contract, if one may put it like this, after the event of signature. All the philological fuss about apocryphal works is never bothered by the slightest doubt, on the contrary, it is set in movement by an absence of doubt as to the status (further on we shall have to say the statue) of a paraph. They certainly ask whether or not it has taken place, this paraph, but as to the very strange structure of this place and this taking-place, the critic and the philologist (and various others), do not as such ask themselves a single question. They may wonder whether a certain piece of writing is indeed assignable to a certain author, but as regards the event of the signature, the abyssal machinery of this operation, the commerce between the said author and his proper name, in other words, whether he signs when he signs, whether his proper name is

24

Je ne peux plus la laisser attendre. Pour que l'événement ait lieu, il faudrait que je signe, que le je signe et pour cela que je fasse comme un autre, comme lui. C'est-à-dire que je donne à mon texte une forme absolument propre, singulière, idiomatique, donc datée, cadrée, bordée, tronquée, coupée, interrompue. Parmi les *Raisons de vivre heureux,* quand il a été posé que les choses ne devaient pas être «lésées», voici : «donner l'impression d'un nouvel idiome» et pour cela «il faudrait non point même une rhétorique par auteur mais une rhétorique par poème». Et la *Tentative orale* : «. . . si j'envisage une rhétorique, c'est une rhétorique par objet, pas seulement une rhétorique par poète . . .»

Mon objet, ma chose, ce qui va prescrire une rhétorique propre à cet événement, s'il a lieu, ce serait Francis Ponge. Si j'avais demandé, comme au début d'une conférence ou d'un cours, de quoi allons-nous parler, quel est aujourd'hui le sujet, la réponse serait vite venue : de Francis Ponge ou des textes de Francis Ponge. Mais la question aura-t-elle été de qui ou de quoi?

Nous feignons toujours de savoir ce qu'il en est d'un corpus. Quand nous mettons à notre programme les textes de Francis Ponge, nous sommes assurés, même si nous congédions la biographie de l'auteur, de savoir au moins quel est le rapport, naturel ou contractuel, entre tel texte, tel soi-disant auteur et son nom dit propre. Les usages académiques de la biographie littéraire présupposent au moins une certitude : quant à la signature, au rapport entre le texte et le nom propre de qui détient les droits d'auteur. Elle commence après le contrat, si l'on peut dire, après l'événement de signature. L'affairement philologique autour des apocryphes n'est jamais troublé par le moindre doute, il est au contraire mis en mouvement par l'absence de doute sur le statut (il faudra dire plus loin la statue) d'un parafe. On s'y demande bien s'il a eu lieu ou non, ce parafe, mais sur la structure très étrange de ce lieu et de cet avoir-lieu, le critique ou le philologue (et quelques autres), en tant que tels, ne se posent aucune question. On se demande si cet écrit est bien assignable à tel auteur mais quant à l'événement de signature, à la machinerie abyssale de cette opération, au commerce du dit auteur avec son nom propre, à savoir s'il signe quand il signe, si son nom propre est vraiment son nom et vraiment propre, avant ou après la signature,

truly his name and truly proper, before or after the signature, and how all this is affected by the logic of the unconscious, the structure of the language, the paradoxes of name and reference, of nomination and description, the links between common and proper names, names of things and personal names, the proper and the non-proper, no question is ever posed by any of the regional disciplines which are, as such, concerned with texts known as literary.

The Francis-Ponge-text (at the moment I can only designate it by means of a double hyphen) not only furnishes an example, but also opens up a science of these questions. Which it puts into practice and into the abyss. For me, Francis Ponge is someone first of all who has known that, in order to know what goes on in the name and the thing, one has to get busy with one's own, let oneself be occupied by it (he has said elsewhere, I no longer know exactly where, and the connection is not an accident, that he was never occupied with anything except death). Occupied with his name, he has taken account of his engagement as subject-writer-in-a-language, *at work.*

He is always at work. With the supplementary trap or abyss effect that I spoke of, he has unceasingly explained, exhibited, turned what he did inside out. And without effacing his name, he has nonetheless effaced it by showing that the stony monumentalization of the name was a way of losing the name; I shall say, by way of anticipating a bit, a way of sponging his signature. And, of course, and this is the twist of the signature, *vice versa.* Thanks to the idiom, "the complete work of an author," he says, still in *Reasons for living happily,* "can in its turn be considered as a thing."

Is the signature gained or lost by becoming a thing?

He, to begin with (and what I assume, as I open it up at this point, by saying *he* from now on about my thing, is praise for the renown that he has made for himself, and I designate him, just as he does the thing in *The Third Person singular,* which was the first title for *Oral Essay:* "There," he says, "you have to take the thing in the singular; it is amusing because third person . . . singular at the same time . . .")—he, to begin with, engaged himself (I insist on the gage that marks here the immemorial contract, the debt, the duty, the law, the trial aiming for acquittal, I do not speak of nonsuit); he has resolutely engaged himself

quant à la logique de l'inconscient à cet égard, à la structure de la langue, aux paradoxes du nom et de la référence, de la nomination et de la description, aux rapports entre noms communs et noms propres, noms de chose et noms de personne, le propre et le non-propre, aucune question n'est posée par aucune des disciplines régionales qui, en tant que telles, s'occupent des textes dits littéraires.

Le texte-Francis-Ponge (je ne peux pour le moment le désigner que d'un double trait d'union) ne fournit pas seulement un exemple de ces questions, il en fraye aussi la science. Mise en pratique et en abyme. Francis Ponge est d'abord, pour moi, quelqu'un qui a su que pour savoir ce qu'il en est du nom et de la chose, il faut s'occuper du sien, se laisser occuper par lui (comme il a dit ailleurs, je ne sais plus où, et le rapprochement n'est pas fortuit, qu'il n'était jamais occupé que de la mort). Occupé de son nom, il a tenu compte de son engagement de sujet-écrivain-dans-une-langue, *à l'œuvre.*

Il est toujours à l'œuvre. Avec l'effet de piège ou d'abîme supplémentaire que je disais, il a sans cesse expliqué, exhibé, retourné ce qu'il faisait. Et sans effacer son nom, il l'a néanmoins effacé en démontrant que la monumentalisation pierreuse du nom était une manière de perdre le nom, je dirai en anticipant un peu d'éponger sa signature. Et, bien sûr, c'est le retors de la signature, vice versa. Grâce à l'idiome, «l'œuvre complète d'un auteur, dit-il toujours dans *Raisons de vivre heureux,* pourra à son tour être considérée comme une chose.»

Est-ce que la signature se gagne ou se perd à devenir chose?

Il s'est d'abord (et ce que j'assume en l'entamant ici, à dire désormais *il* de ma chose, c'est l'éloge de la renommée qu'il s'est faite, et je le désigne, comme il fait la chose à *La Troisième Personne du singulier,* premier titre de *Tentative orale* : «Là, dit-il, il faut prendre la chose au singulier; c'est amusant parce que troisième personne . . . singulier en même temps . . .»), il s'est d'abord engagé (je tiens au gage qui marque ici le contrat immémorial, la dette, le devoir, la loi, le procès en vue d'acquittement, je ne dis pas de non-lieu), il s'est engagé résolument (la

(resolution is his obstinate watchword, we shall have to ask ourselves why); with resolution, then, with this unceasingly reaffirmed taste for the *frank* act, he is *himself* engaged, has engaged *himself*—and in the face of what and of whom if not of an instance represented by his proper name—*engaged in his name,* not to write anything, not to produce anything that he could not sign, he himself and no one else, anything that, from that point on, could not be absolutely proper to himself, reserved for himself alone, even if, by chance, and this was not played at the outset, this should remain not much. Slightly before "you have been remarked by F. Ponge": "Bring out only that which I am the only one to say." And after having recited a whole poetical anthology on the Seine: "But certainly, also, songs of this sort are not, properly speaking, for us. We are not particularly marked out to recite them. And so it does not interest us very much to recite them. Nor you to hear them from us."

It is therefore in the abyss of the proper that we are going to try to recognize the impossible idiom of a signature.

He will have speculated as no one else on the proper, the proper way to write and the proper way to sign. No longer separating, within the proper, the two stems of *propriety* and *property.*

The only difference, after all, between the one and the other, is an I out of which we can always make some dead wood. He has treated the I in every way, in every language, in upper case ("I (i), J (je), I (one): one, simple, single, singularity. (. . .) Chaos of the matter of the I (one) (. . .) This I is my likeness (. . .)" *Joca Seria*); in lower case, taking it off in order to write, in the *Pre,* "a verdant verity"; playing with its frail or fresh erection in *the Making of the pre:* "Difference between the liquid drop or accent (acute here) dot on the i and the virgule of the grass. Virgule, verge.

"On the wet grass there is a dot of dew on the i," this grass, this herb, rising up here with this "something male" that he will have discerned in the opening of his *Malherbe*. If we had time to describe all the "woods" and "trees" in Ponge, we would see all the implications of dead wood (take it also as an order) where he, the I, is erected again; but we shall see, from among these trees, only the family tree, to which it is not a matter of reducing everything else. Here is just one, because it bears,

résolution est son mot d'ordre obstiné, il faudra bien se demander pourquoi), avec résolution, donc, avec ce goût sans cesse réaffirmé pour l'acte *franc,* il s'est engagé, engagé *lui-même,* et devant quoi et devant qui sinon devant une instance représentée par son nom propre, *engagé en son nom,* à ne rien écrire, à ne rien produire qu'il ne puisse signer, lui seul et nul autre, qui dès lors ne lui soit absolument propre, à lui seul réservé même si d'aventure, ce n'était pas joué au départ, cela devait rester peu de chose. Un peu avant le «vous avez été remarqués par F. Ponge» : «Ne rien porter au jour que ce que je suis seul à dire.» Et après avoir récité toute une anthologie poétique sur la Seine : «Mais certes aussi, de telles chansons ne sont nullement notre propre. Nous ne sommes pas trop désigné pour les dire. Il ne nous intéresse donc pas trop de les dire. Ni vous de les entendre de nous.»

C'est donc dans l'abîme du propre que nous allons tenter de reconnaître l'idiome impossible d'une signature.

Il aura spéculé comme personne sur le propre, le proprement écrire et le proprement signer. Ne séparant plus, dans le propre, les deux tiges de la *propreté* et de la *propriété.*

Il n'y a, après tout, entre l'une et l'autre, que la différence d'un I dont on peut toujours faire du bois mort. Il a traité le I de toutes les manières, dans toutes les langues, en majuscules («I (i), J (je), I (un) (. . .) : un, simple, single, singularité. (. . .) Chaos de la matière de l'I (un) (. . .). Cet I est mon semblable (. . .)» *Joca Seria*), en minuscule, le faisant sauter pour écrire, dans *Le pré* «une vérité qui soit verte», jouant avec sa frêle ou fraîche érection dans *la Fabrique du pré* : «Différence entre la gouttelette liquide ou accent (aigu ici) point sur l'i et la virgule de l'herbe. Virgule, vergette.

«Sur l'herbe mouillée il y a point de rosée sur l'i», l'herbe se dressant ici avec ce «quelque chose de mâle» qu'il aura discerné à l'ouverture de son *Malherbe.* Bois mort (entendez-le aussi comme un ordre) où il, le I s'érige encore, on en verrait toutes les portées si nous avions le temps de décrire tous les «bois», tous les «arbres» de Ponge, parmi lesquels seule-

like the proprietary aspect of the proper, an I *in its center:* "Pine (I would not be far from saying) is the elementary idea of tree. It is an I, a stem, and the rest is of little importance. This is why it supplies—among its obligatory developments along the horizontal—so much dead wood."

And so he loves *the proper:* what is proper to himself, proper to the other, proper, that is, to the always singular thing, which is proper in that it is not dirty, soiled, sickening, or disgusting. And he demands the proper in all these states, but with an obstinacy so obsessive that one has to suspect, in this agonistic insistence, some hand-to-hand conflict with the impossible, with something which, within the proper, within the very structure of the proper, is produced only by shifting into its opposite, by being set in abyss, by being inverted, contaminated, and divided. And one has to suspect that the grand affair of the signature is to be found there.

I am proceeding slowly. I do not want it to seem as if I were explaining him, still less as if I were explaining *to* him what it is, with him or of him, that is taking place here, as one of those professors or metaphysicolicians that he particularly denounces—complaining also (but the case is too complicated for today) that too much has been said about him—would be tempted to do.

He is right not to tolerate explication, and in effect he does not tolerate it ("There are moments when I feel altogether pricklish (defensively) at the idea of being *explained;* and other moments when this subsides, when I feel discouraged and inclined to let it happen . . ."). I do not dare to imagine the condition in which this colloquium will have taken or left him, but I believe that in fact he cannot be explained, having readied everything for this in various texts which explain themselves very well, and in such a way that everything can be found there, in addition to that remainder which prevents an explanatory discourse from ever attaining saturation. What I am doing here, in the matters of explanation, professors, academic discourse, the academic figure *par excellence* who is the philosopher, and the philosopher *par excellence* know as Hegel, is to ask why, among all the reproaches addressed to them, we meet up with the following: Hegel (the philosopher) is not

ment le généalogique auquel il n'est pas question de tout réduire. En voici seulement un, parce qu'il porte, comme la propriété du propre, un I *en son milieu* : «Le pin (je ne serais pas éloigné de dire que) est l'idée élémentaire de l'arbre. C'est un I, une tige, et le reste importe peu. C'est pourquoi il fournit — de ses développements obligatoires selon l'horizontale — tant de bois mort.»

Donc il aime *le propre* : ce qui lui est propre, ce qui est propre à l'autre, c'est-à-dire à la chose toujours singulière, ce qui est propre pour n'être pas sale, souillé, écœurant, dégoûtant. Et il réclame le propre, en tous ces états, avec une telle obsessive obstination qu'on doit bien soupçonner, dans cet acharnement agonistique, la lutte au corps à corps avec l'impossible, avec quelque chose qui, dans le propre, dans la structure même du propre, ne se produit qu'à passer dans son autre, à se mettre en abyme, à s'inverser, à se contaminer, à se diviser. Et que là est la grande affaire de la signature.

J'avance lentement. Je ne voudrais pas avoir l'air de l'expliquer, encore moins de lui expliquer ce qui, avec lui, ou de lui, se passe ici, comme en serait tenté un de ces professeurs ou métaphysicoliciens qu'il accuse en particulier, s'en plaignant aussi (mais c'est un procès trop compliqué pour aujourd'hui) d'avoir trop parlé de lui.

Il a raison de ne pas supporter l'explication, et il ne la supporte pas en effet («Il est des moments où je me sens tout à fait hérissé (défensivement) à l'idée d'être *expliqué;* d'autres où ça retombe, et où je me sens découragé, capable de laisser faire . . .»). Je n'ose pas imaginer dans quel état l'aura pris ou laissé ce colloque mais je crois qu'en effet il ne peut pas être expliqué, ayant tout préparé pour ça dans des textes qui s'expliquent très bien eux-mêmes de telle sorte qu'on y trouve tout, plus ce reste qui empêche un discours explicatif de venir à saturation. Ce que je fais, s'agissant d'explication, de professeurs, de discours universitaire, et du philosophe par excellence qui s'appelle Hegel, c'est de demander pourquoi, parmi tous les reproches à eux adressés, on rencontre celui-ci : Hegel (le philosophe) n'est pas très propre, et il faut, après l'avoir lu,

very proper, and after reading him you have to wash up, to wash your hands of him, you might even say. *Repeated pages* from *Proems:* "If I prefer La Fontaine—the slightest fable—to Schopenhauer or Hegel, I certainly know why.

"It seems to me: 1. less tiring, more fun; 2. more proper, less disgusting; (. . .) The trick, then, would be to make only 'small writings' or *'Sapates,'* but ones that would *hold,* satisfy, and at the same time relax, cleanse after reading the grrrand metaphysicolicians."

Why, along with all their other shortcomings, would philosophers be unclean?

In explaining this, I must also refuse to be the philosopher that, in the light of some appearances, I am thought to be, and above all I must make a scene in which I oblige him not to wash his hands any more of the things I say here, be they proper or improper. And to do this, I have to have it out with the signature, with his, with mine, perhaps, and with the other's, since one of the reasons (perhaps) that philosophers as such are a little disgusting is that none of them, as philosophers (this being a part of philosophy), will have known how to cut short, to stop (whence the "volumeinseveraltominous" character of their work), or to cut, and thereby to shorten and to sign. In order to sign, one has to stop one's text, and no philosopher will have signed his text, resolutely and singularly, will have spoken in his own name, accepting all the risks involved in doing so. Every philosopher denies the idiom of his name, of his language, of his circumstance, speaking in concepts and generalities that are necessarily improper.

Francis Ponge, for his part, would wish to sing the praises and fame only of those who sign. And twice even more so than once, causing us to suspect that you never get there on the first try, supposing that you ever get there at all.

From the outset, however, *For a Malherbe* is caught in an indecision— something that resoluteness will always want to resolve—between a certain *effacing* of the signature that will transform the text into a thing, as ought to be—or into a legendary, proverbial, oracular inscription— and a stubborn *redoubling* of the signature, it being my hypothesis here that these end up as somewhat the same, or do not, in any case, lend themselves to a simple distinction. "The silent world is our only home-

se laver, on dirait même s'en laver les mains. *Pages bis* de *Proêmes* : «Si je préfère La Fontaine — la moindre fable — à Schopenhauer ou Hegel, je sais bien pourquoi.

«Ça me paraît : 1. moins fatigant, plus plaisant; 2. plus propre, moins dégoûtant; (. . .) . . . Le chic serait donc de ne faire que de «petits écrits» ou «Sapates», mais qu'ils *tiennent,* satisfassent et en même temps reposent, lavent après lecture des grrrands métaphysicoliciens.»

Pourquoi les philosophes seraient-ils, sans compter toutes leurs autres insuffisances, sales?

Il faut que, l'expliquant, je me défende aussi d'être ce philosophe qu'on croit, moyennant quelques apparences, que je suis et surtout que je lui fasse une scène où je l'oblige à ne plus se laver les mains des choses que je dis ici, qu'elles soient propres ou impropres. Et pour cela que je m'explique avec la signature, la sienne, la mienne peut-être, celle de l'autre, car une des raisons pour lesquelles peut-être les philosophes en tant que philosophes sont un peu dégoûtants, c'est que pas un, en tant que philosophe, car ça fait partie de la philosophie, n'aura su trancher, s'arrêter (d'où le caractère «volumenplusieurstomineux» de leur œuvre, il n'y a qu'un *Tome Premier* de Ponge), couper pour faire court et signer. Pour signer il faut arrêter son texte et aucun philosophe n'aura signé son texte, résolument, singulièrement, parlé en son nom avec tous les risques que cela comporte. Chaque philosophe dénie l'idiome de son nom, de sa langue, de sa circonstance, parle par concepts et généralités nécessairement impropres.

Francis Ponge, lui, voudrait ne faire l'éloge et ne chanter la renommée que de ceux qui signent. Et même deux fois plutôt qu'une, ce qui nous donne le soupçon qu'on n'y arrive jamais du premier coup, à supposer qu'on y arrive jamais.

Pour un Malherbe pourtant s'installe dès le début dans l'indécision — que la résolution voudra toujours trancher — entre tel effacement de la signature qui transforme le texte en chose, comme cela doit être, ou en inscription légendaire, proverbiale, oraculaire, et le redoublement acharné de la signature, mon hypothèse étant ici que cela revient un peu au même, ou en tous cas ne se laisse pas simplement discerner. «Le monde muet est notre seule patrie [donc une patrie muette, sans langue,

land [hence a silent homeland, without language, without discourse, without family name, without a father, but then we were warned beforehand: "We who only get the word from the silent world, our only homeland, are not so stupid, and you can count on it, Gentlemen Critics, as not to observe that we use it according to a particular idiom, and that our books end up being put on the French shelf of the universal library."] The only homeland, moreover, never to proscribe anyone, except perhaps the poet who leaves it in search of other honors. But does one not, perhaps, proscribe oneself from it by signing only with one's name? This is an idea held by certain absolutist thinkers, who tend to proverbs, that is to say, to formulas so striking (so authoritarian) and so evident, that they can do without the signature. But a poet of this sort no sooner calls upon something in the silent world (no, not no sooner! with great difficulty, in fact, and forcibly!) than he produces an object-work that re-enters it, the silent world, that is; a work which, objectively, reinserts itself into that world. This is what justifies the indifference of ambiguity and self-evidence in poetic texts, their oracular character, shall we say."

And so you must certainly sign, but it is as well also not to sign, to write things that, finally, are things, worthy of going without your signature. There is thus a good way of signing, a bad way of signing. The bar does not pass between the signature and the absence of signature, but *through the signature*. Which is therefore always overflowing. Before asking how this can be, I note that it may in part account for the ambiguity of his link with philosophers who do not sign, who have a way of signing without signing: ("it seems to me that philosophy belongs to literature as one of its genres . . . And [. . .] there are others that I prefer. (. . .) It remains the case that I have to remain a philosopher *in petto,* worthy, that is—convinced though I am of philosophy's and the world's absurdity—of pleasing my philosophy professors, so as to remain a good man of letters, and so give pleasure to you . . ." *Repeated pages* from *Proems*).

And after naming the *chaos* which Malherbe, like the rest of us, had to pull himself out of, "let us add that he signed his name, and twice rather than once."

sans discours, sans nom de famille, sans père, mais nous avions été plus haut prévenus : «Nous qui ne tenons la parole que du monde muet, notre seule patrie, nous ne sommes pas assez idiot, qu'on ne l'espère, Messieurs les critiques, pour ne pas constater que nous l'exerçons selon un idiome particulier, et que nos livres finissent par s'insérer dans la bibliothèque universelle au rayon des livres français.»] Seule patrie, d'ailleurs, à ne proscrire jamais personne, sinon le poète qui l'abandonne pour briguer d'autres dignités. Mais peut-être est-ce s'en proscrire soi-même, que de signer seulement de son nom? Quelques esprits absolus le pensent, qui tendent aux proverbes, c'est-à-dire à des formules si frappantes (autoritaires) et évidentes, qu'elle puissent se passer d'être signées. Un poète de cette espèce ne donne la parole à rien du monde muet qu'aussitôt (non pas aussitôt! à grand-peine, et à force!) il ne produise œuvre-objet qui y rentre, je veux dire dans le monde muet; qui, objectivement, s'y re-insère. Voilà qui justifie l'indifférence de l'ambiguïté et de l'évidence dans les textes poétiques, leur caractère oraculaire, disons.»

Donc il faut bien signer mais c'est aussi bien de ne pas signer, d'écrire des choses enfin qui soient des choses, dignes de se passer de votre signature. Il y a donc une bonne manière de signer, une mauvaise manière de signer. La barre ne passe pas entre la signature et l'absence de signature mais *à travers la signature*. Qui (se) déborde, donc, toujours. Avant de se demander comment cela se fait, je note que cela peut en partie rendre compte de l'ambiguïté de son rapport aux philosophes qui ne signent pas et qui ont une autre manière de signer sans signer : («la philosophie me paraît ressortir à la littérature comme l'un de ses genres . . . Et [. . .] j'en préfère d'autres. (. . .) Reste qu'il faut que je reste *in petto* philosophe, c'est-à-dire digne de plaire à mes professeurs de philosophie, quoique persuadé de l'absurdité de la philosophie et du monde, pour rester un bon littérateur, pour vous plaire . . .» (*Pages bis* de *Proêmes*).

Et après avoir nommé le *chaos* dont Malherbe aura eu comme nous à se sortir, «Ajoutons qu'il signa de son nom, et plutôt deux fois qu'une.»

The process of transforming a work into a thing—mute, therefore, and silent when speaking, because dispensing with the signature—can only be brought about by inscribing the signature *in the text,* which amounts to signing twice in the process of not signing any more. We shall have to pass through this point once again.

To be more demonstrative, in the effusiveness of my praise, I shall now bring out the resoluteness with which he will have taken sides with the proper against the dirty, or rather against the soiled, the sullied, a distinction which reveals a whole story, one that takes time and decomposes itself: there is no dirty thing, only a soiled thing, a proper thing which is made dirty. Which is moiled, since impurity, as we shall show, often comes about through liquid means, and so should be absorbed by a cloth which is appropriate. Appropriating. The proper is moiled. That which is soiled is moiled.

This is the first meaning of proper, which then goes on to thicken with the other meaning (the proper of property), but thickens in a strange way, one which, to my way of thinking (an objection which I lack the time to develop), produces something entirely different from semantic density, let alone this semantic materialism whose simplification he has endorsed too quickly.

He has everywhere sung the praises of that which would be proper. I will let you multiply the examples. Consider *The washing machine,* which, like all his objects, is, in addition or beforehand, a writing as well, one that is standing, stable, stabile, a stance on the page. The washing machine is "very impatiently written": "Should we not beforehand, however—as well as we could as on its tripod—have set up, in this way, trunconically, our washing machine in the middle of the page?"

The operation or scene of writing that the washing machine turns into (though never reducing itself to this, and we shall see why) is a reappropriation.

And the fact that it renders linen, tissue, or cloth clean and proper is something that matters to us a great deal, not only in light of the affinity which we have so overused of late between text and tissue, to say nothing as yet of the sponge-towel, but also because the appropriation of linen draws us toward the underclothes of this kind of writing. "The

Transformer l'œuvre en chose, muette donc et qui se tait en parlant parce qu'elle se passe de signature, cela ne se peut qu'à inscrire la signature *dans le texte,* ce qui revient à signer deux fois en ne signant plus. Nous devrons repasser par là.

Pour être maintenant plus démonstratif, dans mon effusion élogieuse, je vais mettre en évidence la résolution avec laquelle il aura pris parti pour le propre contre le sale ou plutôt le sali, le souillé. Car cela développe toute une histoire, qui prend le temps et se décompose : il n'y a pas le sale, mais le sali, le propre qui s'affecte. Qui se mouille car la souillure, on le vérifiera, vient souvent par voie liquide, et doit alors s'absorber avec un linge approprié. Appropriant. Le propre se mouille. Le souillé est un mouillé.

C'est la première signification du propre qui va ensuite s'épaissir de l'autre (le propre de la propriété) mais s'épaissir d'une étrange manière qui à mon avis (objection sur laquelle je n'ai pas le temps de m'étendre) produit tout autre chose qu'une épaisseur sémantique, voire que ce matérialisme sémantique dont il a trop vite accepté la simplification.

Partout il a fait l'éloge de ce qui serait propre. Je vous laisse multiplier les exemples. Voyez *La lessiveuse* qui est, comme tous ses objets, aussi, de surcroît ou d'abord, une écriture, debout, stable, stabile, stance sur la page. Lessiveuse «fort impatiemment écrite» : «Pourtant ne fallait-il d'abord — tant bien que mal comme sur son trépied — tronconiquement au milieu de la page dresser ainsi notre lessiveuse?»

L'opération ou la scène d'écriture que devient la lessiveuse (sans cependant jamais, nous verrons pourquoi, s'y réduire), c'est une réappropriation.

Et qu'elle rende propre du linge, du tissu, voilà qui nous importe beaucoup, non seulement à cause de l'affinité dont nous avons tant abusé ces derniers temps entre texte et tissu, mais, pour ne rien dire encore de la serviette-éponge, parce que l'appropriation du linge nous

washing machine is so conceived that, having been filled with a heap of *ignoble* tissue [I underline *ignoble*—J.D.], the inner emotion, the boiling indignation that it feels from this, when channelled to the upper part of its being, falls back down on the heap of *ignoble* tissue turning its stomach—more or less perpetually—it being a process that should end up with a purification.

"So here we are at the very heart of the mystery. The sun is setting on this Monday evening. Oh housewives! And you, near the end of your study, how tired your backs are! But after grinding away all day long like this (what is the demon that makes me talk this way?) look at what clean and proper arms you have, and pure hands, worn by the most moving toil!"

And to telescope the erotic scene that brings the signer into the text every time, and *on the side* of the washing machine, placing his hands "on your dear hips" (the housewife is a washer "releasing the spigot" before untying the apron "of a blue just like the noble utensil's"), but figuring also the signer hard at the work of reappropriation, and always from both sides (he, facing the washing machine, is the washing machine that describes the washing machine, which, however, can do very nicely without him)—here, to telescope this erotic scene, is the rinsing process: ". . . yes, we have to come back again to our object; once again we have to rinse our idea in clear water:

"Certainly the linen, once it went into the washing machine, had already been cleaned, roughly. The machine did not come into contact with filthiness as such, with snot, for example, dried out, filthy, and clinging to the handkerchiefs.

"It is still a fact, however, that the machine experiences an idea or a diffuse feeling of filthiness about the things inside of itself, which, through emotions, boilings, and efforts, it manages to overcome—in separating the tissue: so much so that, when rinsed in a catastrophe of *fresh* water, these will come to seem extremely white . . .

"And here, in effect, is the miracle:

"A thousand white flags are suddenly unfurled—attesting not to defeat, but to victory—and are not just, perhaps, the sign of corporal propriety among the inhabitants of the neighborhood."

38

attire vers les dessous de cette écriture. «La lessiveuse est conçue de telle façon qu'emplie d'un amas de tissus *ignobles* [je souligne *ignobles* — J.D.] l'émotion intérieure, la bouillante indignation qu'elle en ressent, canalisée vers la partie supérieure de son être retombe en pluie sur cet amas de tissus *ignobles* qui lui soulève le cœur — et cela quasi perpétuellement — et que cela aboutisse à une purification.

«Nous voici donc enfin au plein cœur du mystère. Le crépuscule tombe sur ce lundi soir. Ô ménagères! Et vous, presque au terme de votre étude, vos reins sont bien fatigués! Mais d'avoir ainsi potassé tout le jour (quel démon m'oblige à parler ainsi?) voyez comme vos bras sont propres et vos mains pures fanées par la plus émouvante des flétrissures!»

Et pour télescoper la scène érotique qui, chaque fois, entraîne le signataire dans le texte, *du côté* de la lessiveuse, plaçant ses mains «sur vos hanches chéries» (la ménagère est une lessiveuse «débridant le robinet» avant de détacher le tablier «d'un bleu tout pareil à celui du noble ustensile») mais figurant aussi le signataire en plein travail de réappropriation, toujours des deux côtés (lui, en face d'elle, il est la lessiveuse qui décrit la lessiveuse qui pourtant se passe fort bien de lui), voici le rinçage : «. . . oui, c'est à notre objet qu'il faut revenir encore; il faut une fois encore rincer à l'eau claire notre idée :

«Certes le linge, lorsque le reçut la lessiveuse, avait été déjà grossièrement décrassé. Elle n'eut pas contact avec les immondices eux-mêmes, par exemple avec la morve séchée en crasseux pendentifs dans les mouchoirs.

«Il n'en resta pas moins qu'elle éprouve une idée ou un sentiment de saleté diffuse des choses à l'intérieur d'elle-même, dont à force d'émotion, de bouillements et d'efforts, elle parvint à avoir raison — à séparer des tissus : si bien que ceux-ci, rincés sous une catastrophe d'eau *fraîche,* vont paraître d'une blancheur extrême . . .

«Et voici qu'en effet le miracle s'est produit :

«Mille drapeaux blancs sont déployés tout à coup — qui attestent non d'une capitulation, mais d'une victoire — et ne sont peut-être pas seulement le signe de la propreté corporelle des habitants de l'endroit.»

39

The moment of rinsing, always in *fresh* water (I have underlined it), is decisive, by which I mean that it carries with it a decision, placed at the end of the text. As in *Soap,* at the end of the "intellectual toilet," after the "exhaustion of the subject." The *Rinse* fits into one page, the last: ". . . *We have to finish up. Toiled skin, though very proper. We have obtained what we wanted from the soap. And even a little more, maybe.*" [This is the little more *that (than) the signature requires*—a scoured paraph, such is the formula. And the word paraph is the same, in its origin, as paragraph.] "A paragraph of fresh water. A rinsing *a*) of the body—*b*) of the soap . . ."

Soap, that *sort-of-stone-but* that figures the subject, washing and washed, has to be rinsed as well: "Would it not be his entry into society, then, his being put into company with some other (being or thing), with some object, finally, that might enable a person to conceive of his own personal identity, to disengage it from what it is not, to scour and to decarbonize it? To signify himself?"

To signify oneself in the insignificant (outside meaning or concept), isn't this the same thing as signing? Somewhere he says that the insignificant is "hygienic." We will find this word useful later on.

The desire for the proper that necessarily fastens on to linen and freshness (but also, as always, onto the words "linen" and "fresh") is always at work here (among its other under-determinations, I pass over, for the time being, the hidden, phonic, semantic and graphic thread in the word *linen* that joins the linen-pin (the clothespin) to the sponge-towel: it can wait)—at work here, in other words threatened, extended, and trembling in front of *The Carnation:* "At the end of the stem, out of an olive, of a supple nut of leaves, the marvelous luxury of linen comes unbuttoned.

"Carnations, these marvellous rags.

"How proper they are.

4

"Inhaling them, you feel a pleasure whose opposite would be a sneeze.

"Seeing them, the feeling you have when you see the panties, torn into lovely shreds, of a young girl taking care of her linen."

Le moment du rinçage, toujours à l'eau *fraîche* (j'ai souligné), est décisif, je veux dire qu'il emporte la décision, placé en fin de texte. Comme dans *le Savon,* au terme de la «toilette intellectuelle», après «épuisement du sujet». Le *Rinçage* tient en une page, la dernière : «. . . *Il faut en finir. Peau flétrie, quoique très propre. Nous avons, du savon, obtenu ce que nous voulions. Et encore un peu plus, peut-être.*» [C'est cet un peu plus *qu'il faut à la signature,* paraphe dégraissé, voilà la formule. Et paraphe est le même mot, à l'origine, que paragraphe.] «Paragraphe d'eau fraîche. Rinçage *a*) du corps — *b*) du savon . . .»

Le savon aussi doit être rincé, cette *sorte-de-pierre-mais* qui figure le sujet, qui lave et se lave : «Ne serait-ce donc pas son entrée en société, sa mise en compagnie de quelque autre (être ou chose), enfin de quelque objet, qui permettrait à quiconque de concevoir son identité personnelle, de la dégager de ce qui n'est pas elle, de la décrasser, décalaminer? De se signifier?»

Se signifier dans l'insignifiant (hors sens et hors concept), n'est-ce pas signer? Il dit quelque part que l'insignifiant est «hygiénique». C'est un mot qui nous servira encore.

Le désir du propre qui se saisit nécessairement du linge et du frais (mais aussi des mots, comme toujours, «linge» et «frais»), le voici toujours à l'œuvre (je néglige encore, dans le mot *linge,* entre autres sous-déterminations, le fil caché, phonique, sémantique, graphique, qui tient ensemble l'épingle à linge et la serviette-éponge : il attendra), à l'œuvre c'est-à-dire menacé, tendu, frémissant devant *L'Œillet* : «A bout de tige, hors d'une olive, d'un gland souple de feuilles, se déboutonne le luxe merveilleux du linge.

«Œillets, ces merveilleux chiffons.

«Comme ils sont propres.

4

«A les respirer on éprouve le plaisir dont le revers serait l'éternuement.

«A les voir, celui qu'on éprouve à voir la culotte, déchirée à belles dents, d'une fille jeune qui soigne son linge.»

Let us wait, patiently, between the legs of this "young girl" (he does not tell us whether she is a virgin), and try, in the meantime, to find some sponge-cloth there. Meanwhile, on the facing page (where there are some notes on the carnation that begin by defining the engagement to write as "an affair of self-esteem, nothing more"), from among some words classed and grouped in the dictionary (his most beautiful objest, made for sinking all illiterate scientisms into the greatest confusion), I notice that all the words beginning in *fr,* like freshness, describe a certain way of handling linen:

"*Frounce:* to rumple, to cause to assume irregular folds. (The origin is a noise.)

"*Frizz* (a towel): to fold it in such a way as to form small curls.

"*Frip,* in the sense of rumple, is confused with *fespe,* from *fespa,* which means rag and also fringe, a kind of plush.

"*Fringes:* etymology unknown . . ."

This last word, with a so-called unknown genealogy, bears the closest resemblance to the given name of the signer, and the fringes signal, in their margins, as much on the side of fracture, fraction, or the fragment that you know to be cut, as on the side of frankness or franchise, which is just as good for cutting as for freeing and affranchising (liberating, emancipating, stamping, paying off a debt).

If he writes, as he says, "against the spoken word, the eloquent spoken word," he also writes, in the same gesture, against dirt. Dirt takes place, its place, first of all, closest to the body, as in dirty linens. Whence *The practice of literature:* "And often after a conversation, after talking, I have the feeling of dirt, of insufficiency, of muddled things; even a conversation that has moved forward a bit, that has gone just a bit toward the bottom of things, and with intelligent people. We say so many stupid things (. . .) This is not proper. And often my taste for writing comes when I return to my house after a conversation in which I had the impression of taking old clothes, old shirts from one trunk and putting them into another, all this in the attic, you know, with lots of dust, lots of dirt, and perspiring a little and dirty, feeling uncomfortable. I see a piece of white paper and I say: 'Maybe, with a little attention, I can write something proper, something neat and clean.' This, is it not, is often the reason, maybe one of the principal reasons, for writing."

Attendons patiemment entre les jambes de cette «fille jeune» (il ne nous dit pas si c'est une jeune fille), nous cherchons cependant à y reconnaître quelque tissu-éponge. Je note dans l'intervalle que sur la page d'en face (il s'agit des notes sur l'œillet qui commencent par définir l'engagement d'écrire «une affaire d'amour-propre et voilà tout»), parmi les mots classés et relevés dans le dictionnaire (son plus bel objeu, fait pour plonger dans la plus grande confusion tous les scientismes analphabètes), voici que tous ceux dont l'initiale est en *fr*, comme fraîcheur, décrivent une certaine manière de s'y prendre avec du linge :

«*Froisser* : chiffonner, faire prendre des plis irréguliers. (L'origine est un bruit.)

«*Friser* (une serviette) : la plier de façon qu'elle forme de petites ondes.

«*Friper*, au sens de chiffonner, se confond avec *fespe*, de *fespa*, qui veut dire chiffon et aussi frange, sorte de peluche.

«*Franges* : étymologie inconnue . . .»

Ce dernier mot, de généalogie dite inconnue, est celui qui ressemble le plus au prénom du signataire et les franges font signe, dans leurs marges, aussi bien du côté de la fracture, de la fraction ou du fragment qu'on sait coupé, que de la franchise qui sait aussi bien couper que franchir et affranchir (libérer, émanciper, timbrer, s'acquitter de la dette).

S'il écrit, comme il dit, «contre la parole, la parole éloquente», c'est, dans le même mouvement, contre la saleté. La saleté a lieu, son lieu, d'abord au plus près du corps, c'est la saleté des linges. D'où *La pratique de la littérature* : «Et souvent après une conversation, des paroles, j'ai l'impression de saleté, d'insuffisance, de choses troubles; même une conversation un peu poussée, allant un peu au fond, avec des gens intelligents. On dit tant de bêtises (. . .) Ce n'est pas propre. Et mon goût pour l'écriture c'est souvent, rentrant chez moi après une conversation où j'avais eu l'impression de prendre de vieux vêtements, de vieilles chemises dans une malle pour les mettre dans une autre malle, tout ça au grenier, vous savez, et beaucoup de poussière, beaucoup de saleté, un peu transpirant et sale, mal dans ma peau. Je vois la page blanche et je me dis : «Avec un peu d'attention, je peux, peut-être, écrire quelque chose de propre, de net.» N'est-ce pas, c'est souvent la raison, peut-être une des principales raisons d'écrire.»

43

The fragment from *Proems* with the very title *Reasons for writing* says almost the same thing, but I want to take some tweezers from it which, like clothespins, describe very well the instruments with which he treats the French language when it is too dirty, so as to reappropriate it, or in other words refrancify it: "in all deference to the *words* themselves, *given the habits they have contracted in so many foul mouths,* it takes a certain courage to decide not only to write but even to speak. *A pile of dirty rags, not to be picked up with tweezers; this is what they offer us for stirring, shaking, and moving from place to place.* In the secret hope that we will fall silent. Well, let us take up the challenge, then!"

To take up the challenge, resolutely, will consist in grabbing the tweezers and treating words between quotation marks, in the first place as a generalized citation of the French language. Even his signature, included within the text, will be held in quotation marks.

How can the signature be caught, by the signer, between quotation marks?

I am not pushing things too far when I compare quotation marks to tweezers. He has done it himself, and precisely around the word "proper" in the expression "proper name"—"this is done in quotation marks, in other words with tweezers."

And so he does not run away from dirt, he writes with dirt, against dirt, on dirt, about dirt. It is his matter.

This is set down in *the Augean Stables:* "Alas, as a crowning horror, the same sordid order speaks *within our very selves* (. . .) It all happens to us as if we were painters who had only one single immense pot at their disposal for soaking their brushes, in which, from the night of ages, everyone would have had to thin out their colors. (. . .) It is not a matter of cleansing the Augean stables, but of painting them in fresco with the medium of the manure proper to them."

To paint in fresco—in other words, with fresh charges yet again. The fresco directly kneads (he loves this word for all that it kneads) the *fresh,* as its name indicates; it mixes color with the humid freshness of moiled paste, in the crases of earth and water. In this sense *The pre* will also give rise, among other things, to fresco.

"It is not a matter of cleansing the Augean stables, but of painting them in fresco with the medium of the manure proper to them."

Le fragment de *Proêmes* qui s'intitule précisément *Des raisons d'écrire* dit à peu près la même chose mais je veux y prélever des pincettes qui, comme les épingles à linge, décrivent assez bien les instruments avec lesquels il traite la langue française quand elle est trop sale, pour la réapproprier, c'est-à-dire la re-franciser : «N'en déplaise aux *paroles* elles-mêmes, *étant données les habitudes que dans tant de bouches infectes elles ont contractées,* il faut un certain courage pour se décider non seulement à écrire mais même à parler. *Un tas de vieux chiffons pas à prendre avec des pincettes, voilà ce qu'on nous offre à remuer, à secouer, à changer de place.* Dans l'espoir secret que nous nous tairons. Eh bien! relevons le défi.»

Relever le défi, résolument, ce sera se saisir des pincettes et traiter les mots entre guillemets, d'abord comme une citation généralisée de la langue française. Et même sa signature, comprise dans le texte, sera prise entre guillemets.

Comment une signature peut-elle être, par le signataire, prise entre guillemets?

Je ne force pas les choses en comparant les guillemets à des pincettes. Il l'a fait lui-même, et précisément autour du mot «propre» dans l'expression «nom propre» — «ceci fait entre guillemets, c'est-à-dire avec des pincettes.»

Il ne fuit donc pas devant le sale, il écrit avec le sale contre le sale, sur le sale, du sale. C'est sa matière.

C'est écrit dans *les Ecuries d'Augias* : «Hélas, pour comble d'horreur, *à l'intérieur de nous mêmes,* le même ordre sordide parle (. . .) Tout se passe pour nous comme pour des peintres qui n'auraient à leur disposition pour y tremper leurs pinceaux qu'un même immense pot où depuis la nuit des temps tous auraient eu à délayer leurs couleurs. (. . .) Il ne s'agit pas de nettoyer les écuries d'Augias, mais de les peindre à fresques au moyen de leur propre purin.»

Peindre à fresques, autrement dit à nouveaux frais une fois de plus. La fresque pétrit (il aime ce mot pour tout ce qu'il pétrit) à même le *frais,* son nom l'indique, elle mêle la couleur à la fraîcheur humide de la pâte mouillée, dans les crases de terre et d'eau. En ce sens aussi *Le pré* donnera lieu, parmi d'autres choses, à fresque.

«Il ne s'agit pas de nettoyer les écuries d'Augias, mais de les peindre à fresques au moyen de leur propre purin.»

Their proper manure. The word *proper* plays, expropriating itself and reappropriating itself to itself, right in the manure.

It works right into the matter.

In the linen (of the body), its tissue, its text, *proper* envelops both propriety and property. Property: the *idion* of the thing which dictates, according to its muteness, in other words singularly, a description of itself or rather a writing of itself that would be idiomatic, appropriate to the thing and appropriated by the thing, to the signer and by the signer. This double appropriation of the *idion* is prescribed right here in the overture to *The Carnation,* a little before the ecstacy preceding the "propriety" of "linen": "to take up the *challenge* of things to language (. . .) Is *that* poetry? (. . .) For me it is a need, an *engagement,* a rage, an affair of self-esteem, nothing more. (. . .) Once a thing has been given—no matter how ordinary it may be—I find that it always presents some truly particular qualities (. . .) those are the ones that I try to draw out and disengage.

"What *interest* is there in *disengaging* them? To cause the human mind to gain those qualities of which it is *capable* and which its routine alone prevents from appropriating to itself." I underline *challenge, engagement, interest,* and *disengaging.*

(That this process promises to engage in the production of events, and even revolutions, along with the placement in abyss that will necessarily ensue, is something that we would have to put into colloquy—elsewhere, and in another tone—with the *Aneignung* of Marx or the *Ereignis* (*Ring,* annular object, and *Reigen des Ereignens,* propriation as well as event) of the Heideggerian thing.)

Why is this wager impossible, and why does this impossibility make possible, cause to rise, to become erect and then extended, the signature of a Ponge, granting it a stature both monumental and mortuary? What is the interest in this gage? What is the risk in this wager?

I hasten the answer a bit even at the cost of some disorder.

He has to acquit himself of an infinite debt. And we are, anyway, always fascinated, under the law of someone who will have known how to incur a debt.

He is undebted.

Leur propre purin. Le mot *propre* joue, il s'exproprie et à lui-même se réapproprie, à même le purin.

Il travaille à même la matière.

Propre enveloppe, dans le linge (de corps), son tissu, son texte, et de la propreté et de la propriété. Propriété : *idion* de la chose dictant selon le mutisme, à savoir singulièrement, une description d'elle-même, une écriture plutôt d'elle-même qui soit idiomatique, appropriée à la chose et par la chose, au signataire et par le signataire. Cette double appropriation de l'*idion*, la voici prescrite en ouverture de *L'Œillet,* un peu avant l'extase devant la «propreté» du «linge» : «relever le *défi* des choses au langage (. . .) Est-ce là la poésie? (. . .) Pour moi c'est un besoin, un *engagement,* une colère, une affaire d'amour-propre et voilà tout. (. . .) Étant donnée une chose — la plus ordinaire soit-elle — il me semble qu'elle présente toujours quelques qualités vraiment particulières (. . .) ce sont celles que je cherche à dégager.

«Quel *intérêt* à les *dégager?* Faire gagner à l'esprit humain ces qualités, dont il est *capable* et que seule sa routine l'empêche de s'approprier.» Je souligne *défi, engagement, intérêt* et *dégager.*

(Que cela s'engage à produire des événements, voire des révolutions, avec la mise en abyme qui va nécessairement s'ensuivre, voilà ce qu'il faudrait ailleurs, d'un autre ton, mettre en colloque avec l'*Aneignung* selon Marx ou avec l'*Ereignis* (*Ring,* anneau, et *Reigen des Ereignens,* à la fois propriation et événement) de la chose heideggerienne.)

Pourquoi cette gageure est-elle impossible et pourquoi cette impossibilité rend-elle possible, fait-elle se lever, s'ériger, puis s'étendre, lui donnant à la fois sa stature monumentale et mortuaire, la signature d'un Ponge? Quel intérêt à ce gage? Quel risque à cette gageure?

Je précipite un peu la réponse même s'il en coûte quelque désordre.

Il doit s'acquitter d'une dette infinie. Et nous sommes d'ailleurs toujours, fascinés, sous la loi de qui aura su s'endetter.

Lui s'endette.

The twist here lies in the fact that an infinite debt is cancelled by itself and is never effaced, which oddly amounts to the same thing. He, therefore, is undebted. With respect to what he calls the thing. The thing dictates its conditions, silent though it is, and being silent, does not enter into the contract. It is irresponsible, he alone being responsible from the outset toward the thing, which remains entirely other, indifferent, never engaging itself. "To acknowledge the greatest right of the object, its imprescribable right, opposable to any poem . . . (. . .) The object is always more important, more interesting, more capable (full of rights): it has no duty towards me, it is I who am entirely duty-bound in its regard." (*Banks of the Loire,* or how to be beaten by the thing, regularly, without ever "sacrificing" it to "the putting in value of some verbal find," returning always to "the object itself, to whatever it has that is raw, *different:* different in particular from what I have already [up to this moment] written about it.")

The law is all the more imperious, unlimited, insatiably hungry for sacrifice, in that it proceeds from something entirely other (the thing) which demands nothing, which does not even have a relationship to itself, which does not exchange anything either with itself or with any person, and which—death, in short—is not a subject (anthropomorphic or theomorphic, conscious or unconscious, neither a discourse nor even a form of writing in the current sense of the word). Demanding everything and *nothing,* the thing puts the debtor (the one who would wish to say properly *my thing*) in a situation of absolute heteronomy and of infinitely unequal alliance. So that, to be acquitted, for him, or at least "to pick up the challenge," would not be to obey a verbal contract which has never been signed, but rather to do, he himself, in signing, what is *necessary* so that, in the end, in the orgastic jubilation of what he calls the truth, he could not only sign his text, imposing or apposing his signature, but also, by transforming his text into a signature, he could *oblige* the thing, oblige-it-to, yes, to do nothing less than sign itself, to signify itself (see the extraordinary *Appendix V* to *Soap*), to become a writing-signature, and so to contract with Francis Ponge the absolute idiom of a contract: one single countersigned signature, one single thing signing double. But this contract, of course, is really nothing of the sort: in a certain manner, nothing is exchanged in exchange

Le retors tient ici à ce qu'une dette infinie s'annule d'elle-même et ne s'efface jamais, ce qui revient étrangement au même. Lui, donc, s'endette. A l'égard de ce qu'il appelle la chose. La chose dicte ses conditions, bien qu'elle soit muette, et parce qu'elle est muette, elle n'entre pas dans le contrat. Elle est irresponsable, lui seul est responsable au départ devant elle, qui reste tout autre, indifférente, ne s'engageant jamais. «Reconnaître le plus grand droit de l'objet, son droit imprescriptible, opposable à tout poème . . . (. . .) L'objet est toujours plus important, plus intéressant, plus capable (plein de droits) : il n'a aucun devoir vis-à-vis de moi, c'est moi qui ai tous les devoirs à son égard.» (*Berges de la Loire,* ou comment se faire battre par la chose, régulièrement, sans jamais la «sacrifier» à «la mise en valeur de quelque trouvaille verbale», en revenant toujours «à l'objet lui-même, à ce qu'il a de brut, de *différent* : différent en particulier de ce que j'ai déjà (à ce moment) écrit de lui.»)

La loi est d'autant plus impérieuse, illimitée, exigeant insatiablement le sacrifice, qu'elle procède d'un tout autre (la chose) qui ne demande rien, qui n'a même pas rapport à soi, qui n'échange rien ni avec soi ni avec personne, qui, la mort en somme, n'est pas sujet (anthropomorphique ou théomorphique, conscient ou inconscient, ni un discours, ni même d'abord une écriture au sens courant de ce mot). Demandant tout et *rien* la chose place le débiteur (celui qui voudrait dire proprement *ma chose*) en situation d'hétéronomie absolue et d'alliance infiniment inégale. Si bien que s'acquitter, pour lui, «relever de défi» en tous cas, ce ne sera pas se conformer à un contrat de langue qui n'a jamais été signé mais à faire lui, en signant, ce *qu'il faut* pour qu'au terme, dans la jubilation orgastique de ce qu'il appelle la vérité, il puisse non seulement signer son texte, imposer ou apposer sa signature mais en transformant son texte en signature *obliger* la chose, l'obliger-à, mais à rien d'autre qu'à signer elle-même, à se signifier elle-même (voyez l'extraordinaire *Appendice V* du *Savon*), à devenir écriture-signature, à contracter avec Francis Ponge l'idiome absolu d'un contrat : une seule signature contresignée, une seule chose signant double. Mais bien sûr ce contrat n'en est pas un : d'une certaine manière rien ne s'échange en échange des signatures; d'autre part, l'événement étant chaque fois idiomatique, rien ni personne n'est engagé au-delà de la singularité instantanée d'un

for the signatures; and, on the other hand, since the event is idiomatic every single time, neither thing nor person is engaged beyond the momentary singularity of a certain coitus of signatures. And since the confusion of signatures only gains its value by causing the entirely-other to come into the event, this entirely-other remains, on both sides, outside the contract, indifferent, unconcerned. The countersignature lets it be (lets it live, as is said of the object of love in *Proems*). This is just as true for Ponge's side as it is for the side of the thing, whence this feeling, when we read him, of vital engagement *and* of flippancy, as of someone who knows at once how to be here and how to be disengaged, who knows that he is disengaged. Whence this inimitable intonation, serious and light at the same time, of a "take it or leave it," all and nothing, all or nothing, everything said and done.

The structure of the placement in abyss, such as he practices it, seems to me to repeat this scene every time: every time, but every time in a necessarily idiomatic fashion, the "differential quality" affecting the very form of the signature, this latter remaining *the other's*. From this comes the infinite monumentalization of the signature, and also its dissipation without return, the signature no longer being tied to a single proper name, but to the atheological and modern multiplicity of a new *signatura rerum*.

What is singular about this tyrannical *thou must* of the thing is exactly its singularity. The singularity of a command which is irreplaceable each time—its rarity—prevents it from becoming law. Or rather, if you prefer, it is a law that is immediately transgressed (let us say, more precisely, *freed up*), the one who responds being placed, immediately, in a singular link with it, whereby he frees himself from the tyranny even as he experiences and approves it. And then the law will be freed up a second time when—we will get to this later on—the signer will make the thing sign, will make it enter into a singular contract and transform the singular demand into law by means of the placement in abyss. The transgression that enfranchises and frees up will be the law of repetition in abyss.

And, properly, the step, the stop, of Ponge.

This reading hypothesis has two preliminary consequences. In the very first place, it is on the basis of his debt, and of the fact that he puts

certain coït des signatures. Puis la confusion des signatures n'ayant de prix qu'à faire venir, dans l'événement, le tout autre, celui-ci reste, des deux côtés, hors du contrat, indifférent, non concerné. La contre-signature le laisse être (le laisse vivre, comme il est dit de l'objet d'amour dans *Proêmes*). Cela est aussi vrai du côté de la chose que du côté de Ponge, d'où ce sentiment, à le lire, d'engagement vital *et* de désinvolture comme de qui sait être ici et du même coup se dégager, qui se sait dégagé. D'où cette intonation inimitable, à la fois grave et légère, d'un «c'est à prendre ou à laisser», tout et rien, tout ou rien, tout compte fait.

La structure de la mise en abyme, telle qu'il la pratique, me paraît répéter chaque fois cette scène, chaque fois mais chaque fois de façon nécessairement idiomatique, la «qualité différentielle» affectant jusqu'à la forme de la signature, celle-ci restant *de l'autre*. De là vient la monumentalisation infinie mais aussi la dissipation sans retour de la signature qui n'est plus liée à un seul nom propre mais à la multiplicité athéologique et moderne d'une nouvelle *signatura rerum*.

Le singulier de ce *tu dois* tyrannique de la chose, c'est justement sa singularité. La singularité de l'ordre chaque fois irremplaçable — la rareté — l'empêche de devenir loi. Ou bien, si vous voulez, c'est une loi immédiatement transgressée (disons plus précisément *franchie*) puisque celui qui y répond se met immédiatement en rapport singulier avec elle, s'affranchissant par là de la tyrannie en l'approuvant et l'éprouvant. Et puis elle sera une deuxième fois franchie quand — nous y viendrons plus tard — le signataire fera signer la chose, la fera entrer dans un singulier contrat et transformera la demande singulière en loi par la mise en abyme. La transgression franchissante, ce sera la loi de la répétition en abyme.

Et, proprement, le pas de Ponge.

A cette hypothèse de lecture, deux premières conséquences. Tout d'abord c'est à partir de sa dette et du fait qu'il s'endette sans dette que

himself into debt without debt, that, at the very point where he seems to flare up against prescription (didactic, ethical, political, philosophical, etc.), his texts also engage, prescribe, oblige, and teach in the form of a lesson and a morality. See what he says about *duty* and *difference* in the *Preface* to the *Making of the pre.* He assumes the duty and the need, therefore, to dictate a duty of some kind, according to "what it would, no doubt, be pretentious to call my ethic" (*For a Malherbe*). We must accept the fact, as he does, that he gives a lesson (ethical, political, rhetorical, poetical, etc.): not in order to receive it, but in order to understand the basis on which—the formula, the ring (the debt undebts itself)—one can give and receive a lesson. Imperious, gentle, intractable. His lesson (his ethic, his politics, in other words his philosophy) is less interesting to me (I do not, in fact, always listen to it without murmuring), than the basis on which it is constituted, and which he expounds better than anyone, thereby showing—and we are too readily dubious about this—that the ethical instance is at work in the body of literature. Which is why, rather than *listen* to the lesson he gives, I prefer to *read* it, as a lesson, in other words, *on* morals, and no longer *of* morals, *on* the genealogy of morals that he has drawn, as we shall see, from a morals of genealogy.

Second consequence: since the two (engaged-disengaged) entirely others are outside of the contract process, are inaccessible, and since we can never do anything other than let them be (he and the thing), that which interests, or interests us, and engages us in reading, is inevitably what happens in the middle, *between them:* the intermediaries (names and things), the witnesses, the intercessors, the events that go on *between them,* the interested ones.

I return to this point by taking a step, a stop, backwards.

How is the proper double or double proper (propriety and idiomatic property, but also the double *of* the proper *that is placed in abyss*) produced in signature?

We can, as a first and insufficient approach, distinguish three modalities of signature. The one that we call the signature in the proper sense represents the proper name, articulated in a language and readable as such: the act of someone not content to write his proper name (as if he were filling out an identity card), but engaged in authenticating

ses textes, au moment même où il paraît s'emporter contre la prescription (didactique, éthique, politique, philosophique, etc.) engagent, prescrivent, obligent, enseignent, en forme de leçon et de moralité. Voyez ce qu'il dit du *devoir* et de la *différence* dans la *Préface* à la *Fabrique du pré*. Il assume le devoir et d'avoir à dicter, depuis là, du devoir, selon «ce qu'il serait prétentieux sans doute de nommer mon éthique» (*Pour un Malherbe*). Il faut accepter, comme lui, qu'il donne une leçon (éthique, politique, rhétorique, poétique, etc.) : non pour la recevoir mais pour comprendre à partir de quoi, de quelle formule, de quel anneau (la dette s'endette) on peut donner et recevoir une leçon. Impérieuse, douce, intraitable. Sa leçon (son éthique, sa politique, c'est-à-dire sa philosophie) m'intéresse moins (à vrai dire je ne l'écoute pas toujours sans murmure) que ce à partir de quoi elle se constitue et qu'il montre mieux que personne, démontrant par là-même, ce dont on doute trop facilement, que l'instance éthique travaille la littérature au corps. C'est pourquoi *à écouter* la leçon qu'il donne, je préfère *le lire*, c'est-à-dire comme une leçon *sur* la morale, et non plus *de* morale, *sur* la généalogie de la morale qu'il a tirée, on va le voir, d'une morale de la généalogie.

Deuxième conséquence : comme les deux tout-autres (engagés-dégagés) sont hors contrat, inaccessibles, et qu'on ne peut jamais que les laisser être (lui et la chose), ce qui intéresse, nous intéresse, nous engage à lire, c'est forcément ce qui se passe au milieu, *entre eux* : les intermédiaires (noms et choses), les témoins, les intercesseurs, les événements qui se passent *entre eux,* les intéressés.

J'y reviens d'un pas en arrière.

Comment le double propre (propreté et propriété idiomatique mais aussi le double *du* propre *qui se met en abyme*) se produit-il en signature?

On peut, en première et insuffisante approche, distinguer trois modalités de la signature. Celle qu'on nommerait la signature au sens propre représente le nom propre, articulé dans une langue et lisible comme tel : acte de celui qui ne se contente pas d'écrire son propre nom (comme s'il remplissait une fiche d'identité) mais s'engage à authen-

(if possible) the fact that it is indeed he who writes: here is my name, I refer to myself, named as I am, and I do so, therefore, in my name. I, the undersigned, I affirm (yes, on my honor). The line between the autography of one's proper name and a signature poses (*de facto* and *de jure,* therefore) redoubtable problems, which I do not wish to evade, as is always being done (on the contrary, it is *my* question here), but which, for the moment, I pass over.

The second modality, a banal and confused metaphor for the first, is the set of idiomatic marks that a signer might leave by accident or intention in his product. These marks would have no essential link with the form of the proper name as articulated or read "in" a language. But then the inclusion of the proper name "in" a language never happens as a matter of course. We sometimes call this the style, the inimitable idiom of a writer, sculptor, painter, or orator. Or of a musician, the only one who is incapable, as such, of inscribing his signature in the first sense, his nominal signature, that is, upon the work itself: the musician cannot sign within the text. He lacks the space to do so, and the spacing of a language (unless he overcodes his work on the basis of another semiotic system, one of musical notation, for example). This is also his opportunity.

In keeping with this second sense, we will say that the work is signed Ponge or X without having to read the proper name.

Thirdly, and it is more complicated here, we may designate as general signature, or signature of the signature, the fold of the placement in abyss where, after the manner of the signature in the current sense, the work of writing designates, describes, and inscribes itself as act (action and archive), signs itself before the end by affording us the opportunity to read: I refer to myself, this is writing, I am a writing, this is writing—which excludes *nothing* since, when the placement in abyss succeeds, and is thereby decomposed and produces an event, it is the other, the thing as other, that signs. This does not just happen in books, not only, but also in revolutions, or between the *Sapates* of Francis Ponge.

These three modalities are, in principle, structurally distinct. But I want to show how Francis-Ponge (I put a hyphen between his first name and his last name)—and this is what constitutes his style, his paraph, or, if such a thing exists, his own particular operation—is able

tifier (si c'est possible) qu'il est bien celui qui écrit : voici mon nom, je me réfère à moi-même, tel qu'on me nomme, et je le fais, donc, en mon nom. Je soussigné, j'affirme (oui, sur l'honneur). La limite entre l'auto-graphie de son propre nom et une signature pose (en fait et en droit, donc) des problèmes redoutables, que je ne veux pas fuir, comme on fait toujours (au contraire, ici, c'est *ma* question) mais que je laisse pour l'instant courir.

La deuxième, métaphore banale et confuse de la première, ce sont les marques idiomatiques qu'un signataire abandonnerait ou calculerait dans son produit. Ces marques n'auraient pas un rapport essentiel avec la forme du nom propre telle qu'elle s'articule ou se lit «dans» une langue. Encore que l'inclusion du nom propre «dans» une langue n'aille jamais de soi. On appelle cela, parfois, le style, l'idiome inimitable d'un écrivain, d'un sculpteur, d'un peintre ou d'un orateur. Ou d'un musi-cien, celui-ci étant le seul à ne pouvoir, en tant que tel, inscrire sa signature au premier sens, sa signature nominale, à même l'œuvre : le musicien ne peut pas signer dans le texte. Lui manque l'espace pour le faire, et l'espacement d'une langue (à moins qu'il ne surcode sa musique à partir d'un autre système sémiotique, par exemple, celui de la notation musicale). C'est aussi sa chance.

Depuis ce deuxième sens, on dira que l'œuvre est signée Ponge ou X sans avoir besoin de lire le nom propre.

Et troisièmement, là c'est plus compliqué, on peut appeler signature générale, ou signature de la signature, le pli de la mise en abyme quand, à l'instar de la signature au sens courant, l'écriture se désigne, décrit et inscrit elle-même comme acte (action et archive), se signe avant la fin en donnant à lire : je me réfère à moi-même, ceci est de l'écriture, je suis écriture, ceci est de l'écriture, ce qui *n'*exclut *rien* puisque, quand la mise en abyme réussit, donc quand elle s'abîme et fait événement, c'est l'autre, la chose comme autre qui signe. Ça ne se passe pas dans les livres, ça, seulement, mais aussi dans les révolutions ou entre les *Sapates* de Francis Ponge.

Ces trois modalités sont en principe structurellement distinctes. Mais je veux montrer comment Francis-Ponge (je mets un trait d'union entre son nom et son prénom), c'est là son style et son parafe ou, s'il en est une, son opération propre, les plie, ces trois, à n'en faire qu'une ou en

to fold all three into a single one, or in any case combine them in the same scene for the same drama and the same orgasm.

The law producing *and* prohibiting the signature (in the first modality) of the proper name, is that, by not letting the signature fall outside the text any more, as an undersigned subscription, and by inserting it into the body of the text, you monumentalize, institute, and erect it into a thing or a stony object. But in doing so, you also lose the identity, the title of ownership over the text: you let it become a moment or a part of the text, as a thing or a common noun. The erection-tomb falls. Step, and stop, of man.

Hence the signature has to remain and disappear at the same time, remain in order to disappear, or disappear in order to remain. *It has to do so, it is lacking,* this is what matters. It has to, it fails to, *remain by disappearing, it has to have to disappear, it has to have yet to disappear,* a simultaneous and double demand, a double and contradictory postulation, a double obligation, a *double bind* which I have translated as the *double band* of the signature, the double band, the double band(s), hence the double(s) band. There has to be a signature so that it can remain-to-disappear. It is lacking, which is why there has to be one, but it is necessary that it be lacking, which is why there does not have to be one.

It has to   write that as you wish,   such is the countersigned signature, useless and indispensable, supplementary.

Let us begin with a point of departure that is somewhat aleatory, though not any more so, perhaps, than a proper name; and which is, moreover, sufficiently motivated by the figure of the "geneanalogical" tree (*Interview of Francis Ponge with Philippe Sollers*); let us begin with one of the oldest archives, with the tree from *Reasons for living happily* (1928-1929).

After appealing to the *idion,* and to the "unique circumstances" which, "at the same moment," create "the motive for making me seize my pencil"—along with a "new tool on our bench" (wood on wood) for describing things "from their own point of view," so as to give "the impression of a new idiom"—he explains the conditions under which, "later on, the complete work of an author" may "be considered a thing

tous cas à les lier sur la même scène pour le même drame et le même orgasme.

La loi qui produit *et* interdit la signature du «nom propre» (la première), c'est qu'à ne plus la laisser tomber hors texte, en souscription soussignée, à l'insérer dans le corps du texte, on la monumentalise, l'institue, l'érige en chose ou objet pierreux, mais on en perd du même coup l'identité, le titre de propriété du texte, on la laisse devenir un moment ou une partie du texte, une chose ou un nom commun. L'érection-tombe. Pas d'homme.

Il faut donc à la fois que la signature reste et disparaisse, qu'elle reste pour disparaître ou qu'elle disparaisse pour rester. *Il faut*, c'est cela qui importe. Il faut qu'elle *reste à disparaître*, double exigence simultanée, double postulation contradictoire, double obligation, *double bind* que j'ai traduit par *double bande* de la signature, la double bande, le double bande, donc les double(s) bande(nt). Il faut la signature pour qu'elle reste-à-disparaître. Elle manque, c'est pourquoi il la faut, mais il faut qu'elle manque, c'est pourquoi il ne la faut pas.

Il faut,   écrivez ça comme vous voudrez,   voilà la signature contresignée, inutile et indispensable, supplémentaire.

Commençons, point de départ un peu aléatoire mais pas plus peut-être qu'un nom propre, et puis assez motivé par la figure de l'arbre «généanalogique» (*Entretiens de Francis Ponge avec Philippe Sollers*), commençons par une des archives les plus anciennes, par l'arbre des *Raisons de vivre heureux* (1928-1929).

Après en avoir appelé à l'*idion,* aux «circonstances uniques» qui, «à la même seconde» forment «le mobile qui me fait saisir mon crayon» et un «nouvel outil sur notre établi» (bois sur bois) pour décrire les choses «de leur propre point de vue» en donnant «l'impression d'un nouvel idiome», il explique les conditions pour que «l'œuvre complète d'un auteur plus tard» puisse «à son tour être considérée comme une

in its turn": "not only a rhetoric per poem" or "a manner per year or per work."

The figure of the tree then imposes itself, as if by chance: "like the successive rinds of a tree, detaching themselves at each period through the natural effort of the tree." Now the tree, whose elementary idea, as we recall, is one of pine wood, from which we make dead wood (coffins and tables also), turns up again in 1941, in a letter announcing the rule of the counter-rule: ". . . every writer 'worthy of the name' must write *against* all writing that precedes him (*must* in the sense of *is forced to, is obliged to*)—notably against all existing rules." (What we have to remember here is Ponge against the rules, right up against the origin of rules). The letter continues. ". . . I favor one technique per poet, and even, at the limit, one technique per poem—which its object would determine.

"Thus, for *The pine forest,* if I may be permitted to put it so—is it not the pine tree that furnishes (during its lifetime) *the most dead wood?* . . .

"The ultimate preciosity? —No doubt. But what can I do? Having once imagined this kind of difficulty, honor requires us to confront it . . . (and then again, it's fun)."

Fun is not an accessory value here. And once again, as if by chance and for the sake of amusement, the *Oral Essay,* when speaking of the "duty of trees" (to make branches and leaves), and of "this tree which is my friend," inscribes on a leaf (of a tree, of course), the common noun that is closest, nearest to the proper given name of the author, except for a gender and an aitch, a hatchet. It is presented as a "small apologue," but we read an apologia as well: "Let us suppose that I had a friend (I have friends: I have them in literature, philosophy, politics, journalism). But let us suppose that this friend of mine is a tree. What is the duty of trees, the point about trees? It is to make branches, then leaves; this, of course, is their duty. Now then, this tree, who is my friend, thought that he had written on his leaves, on each of his leaves (in the language of trees, everyone knows what I mean), that he had written *franchise* on a leaf . . ."

This is the first example, the last one being "neither executioner nor victim."

Now the sequel to the apologue tells how, in brief, the tree becomes

chose» : «non seulement une rhétorique par poème», «une manière par an ou par œuvre».

Comme par hasard s'impose alors la figure de l'arbre : «comme les successives écorces d'un arbre, se détachant par l'effort naturel de l'arbre à chaque époque». Or l'arbre, dont l'idée élémentaire, on s'en souvient, est celle du bois de pin dont on fait du bois mort (aussi des cercueils et des tables), le voici de nouveau en 1941 dans une lettre énonçant la règle de contre-règle : «. . . chaque écrivain digne de ce nom doit écrire *contre* tout ce qui a été écrit jusqu' à lui (*doit* dans le sens de *est forcé de, est obligé à*) — contre toutes les règles existantes notamment». (Ce qu'il faut garder en mémoire, ici, c'est Ponge contre les règles, tout contre l'origine des règles). Suite de la lettre. «. . . je suis partisan d'une technique par poète, et même, à la limite, d'une technique *par poème* — que déterminerait son objet.

«Ainsi, pour *Le Bois de Pins,* si je me permets de le présenter ainsi, c'est que le pin n'est-il pas l'arbre qui fournit (de son vivant) *le plus de bois mort?* . . .

«Comble de la préciosité? — Sans doute. Mais qu'y puis-je? Une fois qu'on a imaginé ce genre de difficulté, l'honneur veut qu'on ne s'y dérobe . . . (et puis, c'est très amusant).»

L'amusant n'est pas ici une valeur accessoire. Et encore comme par hasard et pour s'amuser, parlant du «devoir des arbres» (faire des branches et des feuilles) et de «cet arbre qui est mon ami», la *Tentative orale* inscrit sur une feuille (d'arbre évidemment) le nom commun le plus proche, le plus près du prénom propre de l'auteur, à un sexe et une hache près. C'est présenté comme un «petit apologue» mais on lit aussi l'apologie : «Supposons que j'aie un ami (j'ai des amis : j'en ai dans la littérature, dans la philosophie, dans la politique, dans le journalisme). Mais supposons que cet ami que j'ai soit un arbre. Quel est le devoir des arbres, le fait des arbres? C'est de faire des branches, puis des feuilles; évidemment c'est leur devoir. Eh bien, cet arbre qui est mon ami, il pensait que sur ses feuilles, sur chacune de ses feuilles il avait écrit (dans le langage des arbres, tout le monde me comprend) il avait écrit sur une feuille *franchise* . . .»

C'est le premier exemple, le dernier étant «ni bourreau ni victime».

Or la suite de l'apologue raconte en somme comment l'arbre devient

an executioner and a victim at one and the same time, signing itself and bleeding to death from the very moment that the woodcutter, after making off with one of its branches, turns it into an aitch, a hatchet with which he then tries to cut down the tree. The eyes of the tree "fasten on to the hatchet, the aitch held by the woodsman—something the tree almost failed to notice the first time—and it recognizes, in the brand-new handle of this hatchet, this aitch, the wood of the branch that was removed in the first place."

The end of the apologue suggests that we should not "push metaphors too far. It is one of their hazards that we can take them in all senses."

But we can stay here right next to what is nearest. For "it becomes tragic at the moment when our tree, not content with complaining, with saying: *Tu quoque, fili mi,* reaches the point where it thinks: *Am I the wood, then, that hatchets are made of?* That, that's terrible." What comes back to cut the tree, and then to put it to death, is thus a part of the tree, a branch, a son, a handle, a piece detached from the tree which writes, which writes itself on itself, on its leaf, its first leaf, *franchise.* The tree itself, the signer, cuts itself, and the torn-off piece with which it cuts itself to death is also a hatchet, an aitch, a letter subtracted from the *franchise* written on the tree, what has to be cut away from this common noun so that the noun can become, or very nearly so, a proper given name. But the supplementary hatchet, the aitch, by making dead wood, confers a monumental stature on the apologetic tree.

The phallic character of the I, of pine wood, the incisor of the cutting and resolute franchise, the sharpened decision of the hatchet, the aitch that the tree allows to be turned against itself—all this is understood according to the male value, the cutting virility recognized in frankness and francity. If all this were not regularly put, so as to invert itself, in abyss, according to a necessary law which has indeed to be explained, we would see once again affirmed, with the greatest force, the desire for the proper joined with the most utterly assumed phallocentrism.

After having, for example, as he often does, decomposed and analyzed the proper name of Malherbe into an adjective and a common noun (male/herb)—the splitting up, or the process of naturalization, transforming the name at once into a blazon or legendary *rebus,* as

à la fois bourreau et victime, se signe et saigne à mort dès le moment où le bûcheron, lui ayant pris une branche, en fait une hache avec laquelle il entreprend de l'abattre. Les yeux de l'arbre «se portent sur la cognée que porte le bûcheron, qu'il n'avait presque pas remarquée la première fois, et il reconnait dans le manche tout neuf de cette cognée le bois de la branche qu'on lui avait enlevée la première fois.»

La fin de l'apologue suggère qu'il ne faut pas «pousser trop loin les métaphores. Elles ont ceci de dangereux qu'on peut les tirer dans tous les sens.»

Mais on peut rester ici au plus près du tout proche. Car «cela devient tragique au moment où notre arbre, non content de se plaindre, de dire : *Tu quoque, fili mi,* en arrive à penser : *Je suis donc du bois dont on fait les haches?* Cela, c'est terrible.» Ce qui revient entailler l'arbre, puis le mettre à mort, c'est donc une partie de l'arbre, une branche, un fils, un manche, un morceau détaché de l'arbre qui écrit, qui s'écrit sur lui-même, sur sa feuille, sa première feuille, *franchise.* L'arbre, le signataire, se taille lui-même, et le morceau arraché avec lequel il se taille à mort, c'est aussi une hache, une lettre soustraite à la franchise inscrite sur l'arbre, ce qu'il faut tailler de ce nom commun pour qu'il devienne, à très peu près, un prénom propre. Mais la hache supplémentaire, à faire du bois mort, donne à l'arbre apologétique une stature monumentale.

Le caractère phallique du I, du bois de pin, l'incisif de la franchise coupante et résolue, la décision aiguisée de la hache que l'arbre laisse se retourner contre lui, tout cela s'entend selon la valeur mâle, la virilité tranchante reconnue au franc et à la francité. Si tout cela ne se mettait pas régulièrement, pour s'inverser, en abyme, selon une loi nécessaire qu'il s'agit justement d'expliquer, on verrait s'affirmer une fois de plus ensemble, avec la plus grande force, le désir du propre conjoint au phallocentrisme le plus assumé.

Par exemple, après avoir, comme il le fait souvent, décomposé, analysé le nom propre de Malherbe en adjectif et en nom commun (mâle/herbe), la mise en pièces ou la naturalisation transformant du même coup en blason ou en *rebus* légendaire, comme cela arrive ailleurs avec les noms de Spada (cette fois encore l'épée phallique),* de Picasso

*Je croyais avoir lu cela dans «Pour Marcel Spada» (préface de «A la fête rouquine»). Je ne l'y retrouve pas. J'ai dû entendre Ponge en parler.

happens elsewhere with the names of Spada (this time, once again, the phallic sword)*; of Picasso ("This is also the reason why, at the outset of this text, I had to plant this name, and *first of all its initial capital* [also his own, as if by chance] just as, on the tip of a pike [this time, a piece picked out from the pronounceable name is also the graphic and visible form of the initial], the oriflamme of an intellectual offensive" [here the whole word—not pronounced, and, as always, under-written, discreetly left to be guessed at, without insistence or bad taste—this whole word, *assault,* is a piece of Picasso, and he recalls further on that this is the representation of a "pennant"]; of Braque, always on the frank attack for renown ("Bracket the range, to disengage yourself")—very well, he associates, on the page of male/herb, the frank, the male, the resolute: "Pride. Resolution. Its way of menacing, teasing, when women resist." And toward the end of the book: "The hard kernel of Francity. Enlightened patriotism.

"Poetry of the certainly. Articulation of the *Yes.* (. . .) Something magisterial. An unmistakable tone of superiority. Something male as well." The *yes* (affirmed, approved, signed), is associated with the inscription of his proper name, with the autographic signature, as at the end, for example, of the *Braque.* Let us not hasten to link this francity to its poorly enlightened national referent, since we ought at least to guide it through this detour of the proper forename which, for Malherbe and for Ponge, was also almost shared in common. An almost common given name if we compare François to Francis, "Eldest son of the great Logos (. . .) François, in whom your presence bathes me on this beautiful day." But an altogether common proper given name, since it is twice relatinized on the pedestal, or the epitaph: *"Primus Franciscus Malherbe"* and *"Franciscus Pontius/Nemausensis Poeta,"* according to the first publication of *The Fig (dried).*

To be frank, French, free, and disengaged is also to know how to cut, to transgress, to infringe the law or to cross the line: he plays with this at the end of the *Prose on the name of Vulliamy* ("If at last the step from voyance to your vuillance is one that only a poet could freely take, and since Francis at least makes you dare at last to take it, vuillingly take it in your turn, my friend").

I thought I read this in "For Marcel Spada" (preface to "At the Carrot Festival"). I do not find it there. I must have heard Ponge talking about it.

(«Voilà aussi pourquoi, au début de ce texte, j'ai dû planter ce nom *et d'abord sa majuscule initiale* [c'est aussi la sienne, comme par hasard] comme au bout d'une pique, [cette fois un morceau piqué au nom prononçable est aussi la forme graphique et visible de l'initiale], une oriflamme : celle de l'offensive intellectuelle [ici le mot entier, non prononcé et comme toujours sous-écrit, laissé discrètement à deviner, sans insistance et faute de goût, ce mot entier, *assaut,* est un morceau de Picasso, et il rappelle plus bas que cette représentation est celle d'un «pennon»], de Braque, toujours en attaque franche de la renommée («Braquez à fond, pour vous dégager . . .»), eh bien, il associe, sur la page de mâle/herbe, le franc, le mâle et le résolu : «Fierté. Résolution. Sa façon de manacer, railler, quand les dames résistent.» Et vers la fin du livre : «Le noyau dur de la Francité. Patriotisme éclairé.

«Poésie du certainement. L'articulation du *Oui.* (. . .) Quelque chose de magistral. Un ton de supériorité qui ne trompe pas. Quelque chose aussi de mâle.» Le *oui* (affirmé, approuvé, signé,) est associé à l'inscription de son nom propre, à la signature autographe, comme par exemple à la fin du *Braque.* Ne nous hâtons pas de rapporter cette francité à son référent national mal éclairé, il faut au moins le conduire par ce détour du prénom propre qui fut aussi, à Malherbe et à Ponge, presque commun. Presque commun prénom si l'on compare à Francis François, «Grand fils du grand Logos (. . .) François, dont ce beau jour ta présence m'octroie . . .». Mais tout à fait commun prénom propre lorsqu'il est par deux fois relatinisé sur le socle ou l'épitaphe : «*Primus Franciscus Malherba*» et «*Franciscus Pontius/Nemausensis Poeta*» après la première publication de *La Figue (sèche).*

Etre franc, français, libre et dégagé, c'est aussi savoir trancher, transgresser, s'affranchir de la loi ou franchir la ligne : il en joue à la fin de la *Prose sur le nom de Vulliamy* («De la voyance enfin à ta vuillance s'il n'est qu'un pas qu'un poète tout seul puisse faire franchir, puisque Francis du moins fit qu'à la fin tu l'oses, vuillament à ton tour franchis-le, mon ami»).

63

Over the single instance of the given name, we have already seen, on the one hand, the double band of the signature stretched between the need to become a thing, the common name of a thing, or the name of a generality losing the *idion* in order to inscribe the colossal, and, on the other hand, the contrary demand for a pure idiomaticity, a capital letter unsoiled by the common, the condition of the signature in the proper sense. The *rebus* signature, the metonymic or anagrammatic signature, these are the condition of possibility and impossibility. The *double bind* of a signature event. As if the thing (or the common name of the thing), ought to absorb the proper, to drink it and to retain it in order to keep it. But, in the same stroke, by keeping, drinking, and absorbing it, it is as if the thing (or its name) lost or soiled the proper name.

The sponge—the thing *and* its (or his) name. The thing *is* his name (the *é*, the *is, milk, legacy,* this is what matters), and it constitutes the event here, the chance and the interval of this event. Of double band, or contraband.

On the one hand, the sponge expunges the proper name, puts it outside of itself, effaces and loses it, soils it as well in order to make it into a common noun; it contaminates the proper name on contact with the most pitiful, the most unqualifiable object, which is made to retain every sort of dirt. We gather together here a group of negative values that could cause us to reject the sponge for being dirty, and for sponging away the proper. But simultaneously, the sponge can also retain the name, absorb it, shelter it, and keep it within itself. Then, too, it holds clean and proper water as well as dirty water, insatiably. If, through a movement which I wish to call to your attention, the sponge, as in a singular passage from *The orange,* finds itself condemned in contrast to the orange, it is because the sponge remains undecided and *undecidable.* Not because it holds what is dirty and improper, but because it is sufficiently equivocal to hold the dirty *as well as* the clean, the non-proper as well as the proper. This is why it is not noble, not frank: *ignoble,* rather. Observe: he has just compared the sponge to the orange, two things in *ge,* two ob-ges, along with their two respective relationships to the processes of impressionable aspiration and expression. "As in the sponge, there is, in the orange, an aspiration to recover its countenance after enduring the ordeal of expression. But where the sponge

Sur la seule instance du prénom, déjà, on voit la double bande de la signature tendue entre l'exigence de devenir chose, nom commun de chose ou nom d'une généralité perdant l'*idion* pour inscrire le colossal, et d'autre part la demande contraire d'une idiomaticité pure, majuscule immaculée par le commun, condition de la signature au sens propre. La signature *rebus,* la signature métonymique ou anagrammatique sont la condition de possibilité et d'impossibilité, le *double bind* d'un événement de signature. Comme si la chose (ou le nom commun de chose) devait absorber le propre, le boire et le retenir pour le garder. Mais du même coup, le gardant, le buvant, l'absorbant, c'est comme si elle (ou son nom) perdait ou souillait le nom propre.

L'éponge — la chose *et* son nom. La chose *est* son nom (l'*é,* l'*est, lait, legs,* voilà ce qui importe), elle constitue ici l'événement, la chance et l'échéance de cet événement. De double bande ou de contrebande.

D'une part, l'éponge éponge le nom propre, le met hors de soi, l'efface et le perd, le souille aussi pour en faire un nom commun, le contamine au contact de l'objet le plus minable, le plus inqualifiable, fait pour retenir toutes les saletés. On recueille ici un ensemble de valeurs négatives qui feraient rejeter l'éponge parce qu'elle est sale et éponge le propre. Mais simultanément l'éponge peut retenir le nom, l'absorber, l'abriter en soi, le garder. Et puis elle garde aussi bien l'eau propre que l'eau sale, insatiablement. Par un mouvement sur lequel je veux attirer votre attention, si l'éponge se trouve, à tel passage singulier de *L'orange,* condamnée par opposition à l'orange, c'est parce qu'elle reste indécise et *indécidable.* Non pas parce qu'elle garde le sale ou le non propre, mais parce qu'elle est assez équivoque pour garder *aussi bien* le sale que le propre, le non propre que le propre. C'est en quoi elle n'est pas noble, ni franche : *ignoble* plutôt. Voyez, il vient de comparer l'éponge à l'orange, deux choses en *ge,* deux ob-ge, leurs deux rapports à l'impression aspirante et à l'expression. «Comme dans l'éponge il y a dans l'orange une aspiration à reprendre contenance après avoir subi l'épreuve de l'expression. Mais où l'éponge réussit toujours, l'orange jamais : car ses cellules ont éclaté, ses tissus se sont déchirés. (. . .) Faut-il prendre parti entre ces deux manières de mal supporter l'oppression?»

Après cette question, on pourrait s'attendre à un éloge de l'éponge

always succeeds, the orange never does: for its cells have burst, its tissues are torn. (. . .) Do we have to take sides between these two ways of tolerating oppression badly?"

After this question, we might expect a eulogy of the sponge, since it (the sponge) always recovers its countenance, and does not let itself be oppressed, on account of which it is a free and frank object, a subject which knows how to enfranchise itself. And yet we have two things, the orange and the sponge, and taking sides with one or the other remains a problem which is hard to decide; it is hard to take sides, it is hard to make use of or take the side of one or the other. It is harder, not to say impossible, in the case of the sponge, which is why, as we shall see, the sponge is *ignoble*. The impossible division, the difficulty of resolutely and frankly deciding the problem of the orange and the sponge will be interiorized, included in, and repeated in one of the two terms, namely the sponge, which is "ignoble" in that it lends itself to all contraries, both the proper and the non-proper. "Do we have to take sides between these two ways of enduring oppression badly?—The sponge is only a muscle filled with wind, with clean water or dirty water, as may be: this gymnastic is ignoble. Though the orange has better taste, it is too passive—and this odorous sacrifice, truly, is too accommodating to the oppressor."

Ignoble as it may be, and lacking in natural nobility; poor in its genealogical extraction, and unable to choose between the proper and the improper, the economy of the sponge is nonetheless better able to resist the oppressor—*its ignoble labor enfranchises it.*

In keeping with a certain traditional phantasmatic tendency, you might say that the sponge is a feminine figure: passive matter, less passive—but also more passive—than the orange, finding its liberty and its irreducible force in a passivity without limit, absorbing every-thing, good water or bad. It is a remarkable figure for a receptacle—for writing, for example, like the page or table on which he writes, al-though, as we shall see, it can also become, like the table, a her-maphrodite (the flat writing surface of the table rises up upon the erection of the T, or the upright station of the foot). And like *The glass of water*. Which, not "having freed it up" (March 25), I hold here in another hand ("Freshness, I hold you," March 28).

66

puisqu'elle reprend toujours contenance, elle, et ne se laisse pas opprimer, en quoi elle est objet libre, franc, sujet qui sait s'affranchir. Et pourtant voilà deux choses, l'orange et l'éponge, entre lesquelles prendre parti reste une question difficile à trancher, pour lesquelles il est difficile de prendre parti, dont il est difficile de tirer parti ou de prendre son parti. C'est plus difficile, voire impossible, dans le cas de l'éponge, et c'est en quoi elle est, on va le voir, *ignoble*. Le clivage impossible, la difficulté de trancher résolument, franchement, entre l'orange et l'éponge va s'intérioriser, s'inclure et se répéter dans *l'un* des deux termes, l'éponge, qui est «ignoble» en ceci qu'elle est prête à tous les contraires, le propre et le non propre. «Faut-il prendre parti entre ces deux manières de mal supporter l'oppression? L'éponge n'est que muscle et se remplit de vent, d'eau propre ou d'eau sale selon: cette gymnastique est ignoble. L'orange a meilleur goût, mais elle est trop passive, — et ce sacrifice odorant . . . c'est faire à l'oppresseur trop bon compte vraiment.»

Bien qu'elle soit ignoble, sans noblesse naturelle, de pauvre extraction généalogique, ne sachant pas trancher entre le propre et le non-propre, son économie résiste mieux à l'oppresseur, *son travail ignoble l'affranchit*.

Eponge, diriez-vous, c'est une figure féminine plutôt, si l'on suit une certaine inclination phantasmatique traditionnelle : matière passive, moins passive que l'orange mais plus passive aussi, trouvant sa liberté et sa force irréductible dans une passivité sans limite, absorbant tout, la bonne ou la mauvaise eau. C'est une remarquable figure de réceptacle, par exemple pour l'écriture, comme la page ou la table sur laquelle il écrit, mais comme la table, on le verra, elle peut devenir hermaphrodite (la surface d'écriture plate de la table se dressant sur l'érection du T ou la station debout du pied). Et comme *Le verre d'eau*. Que, sans «l'avoir franchi» (25 mars), je tiens ici d'une autre main («Fraîcheur, je te tiens», 28 mars).

Francis Ponge se sera donc bien marié. Avec lui-même d'abord. Francis est Ponge. Francis et Ponge forment un couple hétérosexuel harmonieux. Francis tranche par sa virilité, il introduit la décision dans l'indécidable éponge, et Ponge la féminité — l'épouse — en prend son parti. Mais réintroduit sans cesse l'équivoque ignoble, l'indécidabilité

Francis Ponge will then indeed have gotten married. To himself, in the first place. Francis is Ponge. Francis and Ponge form a harmonious heterosexual couple. Francis is incisive by virtue of his virility, he introduces decision into the undecidable sponge, while Ponge, the feminine—the spouse—takes its own measures. But re-introduces unceasingly the ignoble equivocation, the undecidability of the hymen between proper and non-proper; exceeds the limit in its turn. I will show later on that the sponge espouses.

Francis and Ponge, a lucky coupling, no doubt. But like any happy household, it has a history and passes its time in making scenes (separation, reconciliations, with and without offspring). The drama, or incessant action of the hymen in this two-fold fascination, lies in the fact that Francis sticks by the sponge, to the thing that regards him as he acts even as it always says no, start over again; he unceasingly tries to seduce it, to bring it into his game or into his bed, to take its side, to be on its side and to make of it his own side, although, for reasons that I have explained, he also holds it in aversion or repulsion. He pushes it away, in any case. Indeed, he has managed—and doing so will have brought off his work—to manipulate this ambivalence with an astonishing freedom (his own death, as always, is a murder overflowing with love); to manipulate this undecided mixture of attraction and repulsion which puts out of patience, even as it nourishes, his taste for decisive frankness: knowing how to take up the sponge, but also how to drop it (dropping it while taking it up), retaking it while dropping it, reserving all rights for himself—the right to make fun of it, to raise it or lower it, inflated or emptied (expressed).

For Francis doesn't give a damn for the sponge. It will not have been his thing.

In his moments of discouragement (the sponge is discouraging, it always says no), he no longer takes up the challenge, but throws away the sponge that will never have had enough. This is the forfeit (surrender, crime, and major offense). He will have authorized this borrowing from the pugilistic code, the code of the "noble art" (not to be confused with the agile and risk-free agitation of the pungist), by playing somewhere with the word *punch* in reference to a *ring*. In all of Ponge's strokes there is the noble art of knowing where to place one's

de l'hymen entre le propre et le non-propre, franchit à son tour la limite. Je justifierai plus tard que l'éponge épouse.

Francis et Ponge, voilà sans doute un accouplement chanceux. Mais comme tous les ménages heureux, il a une histoire et passe son temps à se faire des scènes (séparations, réconciliations, avec et sans enfants). Le drame, soit l'action incessante de l'hymen, dans cette double fascination, c'est que Francis tient à l'éponge, à la chose qui le regarde faire en disant toujours non, recommence; il tente sans cesse de la séduire, de l'amener dans son jeu ou dans son lit, à prendre son parti, à être et à faire de lui son parti, mais pour les raisons que j'ai dites, il la tient aussi en aversion ou répulsion. Il l'écarte en tous cas. Cette ambivalence (sa propre mort, comme toujours, est un meurtre débordant d'amour), ce mélange indécis d'attraction et de répulsion qui impatiente son goût, mais l'alimente aussi, pour la franchise décidante, il est arrivé, c'est ce qui aura fait œuvre, à les manipuler avec une étonnante liberté : sachant prendre l'éponge, mais la laisser tomber (la laisser tomber en la prenant), la reprenant en la laissant tomber, se réservant tous les droits : de s'en moquer, de l'élever ou de l'abaisser, gonflée ou vidée (exprimée).

Car Francis se fout de l'éponge. Elle n'aura pas été sa chose.

Dans les moments de découragement (elle est décourageante, elle dit non toujours), il ne relève plus le défi, il jette l'éponge qui n'en aura jamais eu assez. C'est le forfait (abandon, crime et délit majeur). Il aura autorisé cet emprunt au code pugilistique, celui du «noble art» (à ne pas confondre avec l'agitation agile et sans risque du pungiste) en jouant quelque part du mot *punch* accordé à un *ring*. Dans tous les coups de Ponge il y a l'art noble de savoir placer ses poings. Qui sont aussi ses mots. Mais les mots sont aussi des corps, des morceaux de son corps, les extrémités où le porte son corps d'empoigneur («. . . le bonheur d'empoigner au ventre par son nœud de porcelaine l'un de ces hauts obstacles d'une pièce; ce corps à corps rapide par lequel un instant la marche retenue . . .»). *Les plaisirs de la porte* qui n'est autre, en somme, verticale, que sa table qu'il tient (pour être) dressée.

Le forfait, donc : c'est aussi lui dans tous ses états (contrat permanent, abandon, délit, transgression, forfaiture, franchissement, défi, toujours sous forfait, le forfait de son nom l'engageant de façon plus que viagère).

fists. Which are also one's words. But words are also bodies, pieces of his body, extremities where his grasping body takes him (". . . the happiness of grasping in the belly, with its knot of porcelain, one of those high obstacles in a room; this rapid hand-to-hand combat which detains the step for a moment . . .") *The pleasure of the door* which is nothing other, in short, in its verticality, than his table which he keeps (so as to be) erect.

Forfeit, then: it is also himself in all his states (permanent contract, surrender, offense, transgression, forfeiture, enfranchisement, challenge, always under forfeit, the forfeit of his name engaging him in a way that is more than life-long).

With each stroke, he doesn't give a damn for the sponge. He no more identifies with the sponge than with his own name, all this in the process of also describing the trajectory of a detachment, or an expression. He expresses his name, and that is all. Across the entire corpus.

He doesn't give a damn for the sponge, madly, everywhere. Almost everywhere, on the body.

Whence the medusant character of this spongy thing. It loses and as easily recovers its form, which is neither proper nor improper, neither simply a thing, nor simply vegetal, nor simply animal. They call this thing either a *zoophyte,* an animal plant, or else the substance "deriving from a marine zoophyte" (Littré). Solid or plastic, full of air or water, what does the sponge resemble? An animal swollen with water, it is, in effect, a medusa. You will find this in *The Seine,* "water," says he, "profoundly soiled and impure"—and dirt is always determined between linen and water. You will find this in *The Seine,* which also sets out to describe a sort of "Genesis": ". . . certain marine organisms, for example the medusa, contain more than ninety percent water . . ."

Able to hold gases or liquid alternatively, "to fill itself with wind or water," the sponge is, above all else, writing. Like all things. You will fish this, too, out of *The Seine,* and we shall presently see how it is put on the page: ". . . in spite of the very certain non-discontinuity between thought and its verbal expression, as between gaseous and liquid states of matter—the *written text* presents some characteristics which render it

70

A chaque coup, il se fout de l'éponge. Il ne s'identifie pas plus à l'éponge qu'à son nom, tout cela en décrivant aussi le trajet d'un détachement ou d'une expression. Il exprime son nom, c'est tout. A travers tout le corpus.

Il se fout de l'éponge, éperdument, partout. Un peu partout, sur le corps.

D'où le caractère médusant de cette chose spongieuse. Elle perd et reprend aussi facilement sa forme, qui n'est ni propre ni impropre, ni simplement une chose, ni simplement un végétal, ni simplement un animal. On appelle ça ou bien un *zoophyte,* plante animale, ou bien la substance «provenant d'un zoophyte marin» (Littré). Solide ou plastique, pleine d'air ou d'eau, l'éponge ressemble à quoi? Animal gonflé d'eau, c'est une méduse en effet. Vous trouverez ça dans *La Seine,* «eau, dit-il, profondément souillée, impure» — et le sale se détermine toujours entre le linge et l'eau. Vous trouverez ça dans *La Seine* qui veut aussi décrire une sorte de «Genèse» : «. . . certains organismes marins, comme la méduse par exemple, renferment plus de quatre-vingt-dix pour cent d'eau . . .»

Capable alternativement du gazeux et du liquide, «de se remplir de vent ou d'eau», l'éponge c'est surtout l'écriture. Comme toute chose. Ça aussi, vous le pêcherez dans *La Seine* dont nous verrons tout à l'heure comment elle se met en page : «. . . malgré la très certaine non-discontinuité entre la pensée et son expression verbale, comme entre l'état gazeux et l'état liquide de la matière, — l'*écrit* présente des caractères qui le rendent *très proche de la chose signifiée,* c'est-à-dire des objets du monde extérieur, tout comme le liquide est très proche du solide.» Plus bas, il dit qu'il s'agit là d'une «analogie» ou d'une «allégorie ou métaphore» qui pourrait être poursuivie «indéfiniment» mais il préfère ne pas lui «consacrer plus de temps qu'il n'est raisonnable». L'éponge n'est pas nommée dans ce passage, mais, analogue de la méduse ou de chaque état intermédiaire entre tous les états, analogue en cela à l'écrit, si elle peut se mettre dans tous les états, servir d'intermédiaire, d'intercesseur ou de témoin universel, l'éponge constitue non seulement le

very close to the thing signified, in other words to objects in the external world, much in the same way that liquids are very close to solids." Farther down, he says that this is an "analogy" or an "allegory or metaphor" which could be pursued "indefinitely," but that he prefers not "to consecrate more time than is reasonable" to it. The sponge is not named in this passage, but as an analog to the medusa, or to any state intermediate between all states—an analog in this respect to the written text, if it can put itself into every state, and serve as an intermediary, an intercessor, or a universal witness—the sponge not only constitutes the term of an analogy (allegory or metaphor), but also constitutes, in addition, the very medium of all figures, metaphoricity itself. As he himself says of somebody, by way of praising her, she has "*every quality,* and hence *one quality the more:* that of having them all."

Insofar as it ingests, absorbs, and interiorizes everything, proper or not, the sponge is certainly "ignoble." Like its name, it takes in water everywhere. But it can also, when applied to a surface, expunge, wipe, and efface. Sponge sponges, the sponge expunges, the sponge is Ponge: for example a writing or a signature—it can also efface the traces of chalk on a blackboard, a table, or a slate.

Now, effacement is itself an equivocal value, undecidable. Negative in that it annuls and causes to disappear. And already the sponge is something that can no longer efface a name: having been able to hold the proper as well as the non-proper, it is likewise a common noun which can absorb Ponge like a piece (or a bit), a part that is autophagous or parched for itself, and which can also contaminate the proper name by contact with the common noun—absorb, efface, or diminish the capital letter. Inversely, however, this menace (negative, therefore) is presented as a chance. The common name loses, but then again, by canceling the debt, it seals and keeps the proper name, and Francis will have been a kind of *spongoteras:* the Greeks gave this name to the animal that guards the sponge, that goes on guard before it, but also lets itself be sheltered by it.

Split so many times already, the sponge, which is apt for cleaning, is also the chance for purification, something which sponges away the stain, and even, as we soon shall see, expunges the debt ("the slate"). An

terme d'une analogie (allégorie ou métaphore) mais aussi de surcroît le *milieu* de toutes les figures, la métaphoricité elle-même. Comme il le dit, lui, de quelqu'un dont il fait l'éloge, elle a «*toutes les qualités,* donc, *plus une* : celle de les comporter toutes.»

En tant qu'elle ingère, absorbe, intériorise tout, propre ou non, l'éponge certes est «ignoble». Comme son nom, elle fait eau de toute part. Mais elle peut aussi, avec application à la surface, éponger, essuyer, effacer. Eponge éponge, l'éponge éponge, l'éponge est Ponge : par exemple une écriture ou une signature, elle peut aussi effacer les traces de craie sur un tableau, une table ou une ardoise.

Or l'effacement lui-même est une valeur équivoque, indécidable. Négative puisqu'il annule et fait disparaître. Et déjà l'éponge n'est plus une chose qui peut effacer un nom, après avoir été capable du propre comme du non-propre, c'est aussi un nom commun qui peut absorber Ponge comme un morceau (un mors), une partie autophage ou assoiffée d'elle-même, qui peut aussi contaminer le nom propre au contact du nom commun, absorber, effacer ou diminuer la majuscule. Mais inversement, cette menace (négative donc) se donne comme une chance. Le nom commun perd mais aussi, annulant la dette, il scelle, garde le nom propre, et Francis aura été une sorte de *spongoteras* : les Grecs nommaient ainsi l'animal gardien de l'éponge, montant la garde devant elle mais se faisant aussi abriter par elle.

Apte à nettoyer, l'éponge, tant de fois partagée déjà, c'est aussi la chance de la purification, ce qui efface la souillure et même, on le verra tout à l'heure, éponge la dette («l'ardoise»). Incroyable chose sans chose, nom de l'innommable qui peut s'affecter de tout, du propre et du non-propre, qui peut se souiller et se laver elle-même de ses souillures, se confondant ainsi avec tout (la pierre et le savon par exemple) et donc s'excluant de tout, seule, unique à être tout ou rien.

S'affectant elle-même de tout, l'éponge s'éponge.

Elle-même, lui-même.

incredible thing without thing, the name of the unnameable which can be affected by everything, by the proper and the non-proper, which can be soiled and can also wash itself of its stains, confusing itself in this way with everything (stone and soap, for example), and hence excluding itself from everything, unique in being all or nothing.

Affecting itself with everything, the sponge is sponged.

Itself, himself.

The sponge remarks itself. And so it annuls itself, removes itself, carries itself away, concerns itself (see the end of the *Malherbe* for this word).

It secretes, by separating itself off, every spongism.

The *spongismos* is a scraping, a piece of dirt removed from the sponge, set apart, chosen, said and read, collected with a sponge (*spoggizô, spoggologueô*).

At the moment when, in the definition of the Sophist, a difficult separation is announced between best and worst as between likeness and likeness (*homoion*), Plato calls this division, this *diacritic*, a purification (*katharmos*). And after summarizing all the various purifications, external or internal, of the living or inanimate body, he notes that the method of argumentation employed (*methodos tôn logôn*) accords no less an importance to the spongistic (*spongistikè tekhnè*) than to the pharmacopoetic (*spongistikes è pharmakoposias*).

This is not a reference that you expected; I have kept it on my table, awaiting the present occasion, for at least eight years.

If, in the reserve of his name, there is hymen, medusa, and *pharmakon,* we are not ready to lay a hand on his signature.

Nor, for that matter, is he.

To mark, moreover, the interval of a rest period between the two sessions,* let us inscribe, without speaking a word, the legend, in grand monumental letters, without distinguishing between upper and lower case (all things returning to language, the proper as well as the com-

*This fragment will have been drawn from the first of two sessions, held in the morning and then in the afternoon, under the title **Signsponge**.

74

L'éponge se remarque. Et donc s'annule, s'enlève, s'emporte, se concerne (fin du *Malherbe* pour ce mot).

Elle secrète, à s'en séparer, tous les spongismes.

Le *spongismos* est une raclure, une ordure enlevée à l'éponge, prélevée, choisie, dite et lue, ramassée avec une éponge (*spoggizô, spoggologueô*).

Au moment où, dans la définition du Sophiste, s'annonce la séparation difficile entre le meilleur et le pire comme entre le semblable et le semblable (*homoion*), Platon nomme cette division, cette *diacritique,* une purification (*katharmos*). Et après avoir fait le relevé de toutes les purifications, externes ou internes, du corps vivant ou inanimé, il note que la méthode de l'argumentation (*methodos tôn logôn*) ne met pas moins en valeur la spongistique (*spongistikè tekhnè*) que la pharmacopoétique (*spongistikes è pharmakoposias*).

Voilà une référence à laquelle vous ne vous attendiez pas, je la garde sur ma table, attendant l'occasion du présent, depuis au moins huit ans.

S'il y a, dans la réserve de son nom, hymen, méduse et *pharmakon,* on n'est pas prêt de mettre la main sur sa signature.

Lui non plus d'ailleurs.

Pour marquer aussi l'échéance d'un temps d'arrêt entre les deux séances,* inscrivons sans mot dire la légende, en grands caractères monu-

*Ce fragment aura été prélevé dans la première des deux séances tenues le matin puis l'après-midi, sous le titre Signéponge.

75

mon), let us inscribe the language-event on the stele (without punctuation, therefore), let us inscribe the chance, the fortunes, of a bill, on a
stone (it will wait for us), on a table (he keeps it so as to be standing,
vertical), and hence on a blackboard offered (exposed) to the sponge,
the following:

HENCEFORTH TO SPONGE FROM HIM FORWARD BUT
WHO KNOWS FROM TODAY FORWARD AND FROM ME
WILL MEAN IN THE FRENCH OR RATHER THE FRANCISED
OR THE REFRANCISED LANGUAGE COLONIZED ONCE
MORE FROM THE SHORES OF THE MEDITERRANEAN
MARE NOSTRUM TO SPONGE WILL ALREADY HAVE
MEANT TO WASH TO CLEAN TO APPROPRIATE TO EFFACE
HENCE FOR EXAMPLE THE NAME OF PONGE BUT ALSO TO
BE QUIT OF A BILL TO INSCRIBE THE NAME OF THE
PONGES TO SIGN PONGE TO SIGNSPONGE TO MARGIN
ALREADY IN THE NAME OF PONGE

mentaux, majuscules ou minuscules indistinctes (tout revenant à la langue, le propre et le commun), inscrivons l'événement de langue sur la stèle (sans ponctuation, donc), inscrivons la chance, d'une traite, sur une pierre (elle nous attendra), sur une table (il la tient pour être dressée, verticale), donc sur un tableau offert (exposé) à l'éponge, ceci :
EPONGER DESORMAIS A PARTIR DE LUI MAIS QUI SAIT A PARTIR D'AUJOURD'HUI ET DE MOI VOUDRA DIRE DANS LA LANGUE FRANÇAISE FRANCISEE PLUTOT OU REFRANCISEE COLONISEE UNE FOIS DE PLUS DEPUIS LES BORDS DE LA MEDITERRANEE MARE NOSTRUM EPONGER AURA VOULU DIRE DEJA LAVER NETTOYER AP-PROPRIER EFFACER DONC PAR EXEMPLE LE NOM DE PONGE MAIS AUSSI S'ACQUITTER D'UNE TRAITE IN-SCRIRE LE NOM DES PONGE SIGNER PONGE SI-GNEPONGER EMARGER DEJA AU NOM DE PONGE

II

II

The antidote for an unsaturable subjectivity: spongistic and pharma-copoetic.

It has to do with an overflowing of the signature.

Overflowing with activity, but with an altogether receptive, open, welcoming activity, ready, in its guile, to receive all impressions, the sponge.

Overflowing with activity, between no one, the sponge. Overflowing with activity between the person, the proper name, the name of the thing, a proper name of a thing or a common name of a person, the sponge.

It is an indefatigable mediator, shuttling between the parties of an impossible contract. The parties are impossible to live with, inaccessible, and do not wish, at least as parties, to enter into the contract.

Let the other sign first.

The sponge will then have spent itself, multiplied itself, itself over-flowed.

A singular plural which will have absorbed almost everything, expressed almost everything, the proper and the non-proper. Will have sponged everything, save what remains, to the which I give the name of text: on account of the which we are no doubt here, not to speak of it.

Sublime, yet imbued with itself to the point of being intolerable. Insatiable, always thirsty, but of a capacity which is altogether singular, hence very limited, modest, almost insignificant while at the same time capable of anything (*because* it is capable of anything), the sponge will, in advance (preoccupying, this advance) have stolen everything from

Antidote pour une subjectivité insaturable : spongistique et pharma-copoétique.

Il y va d'un débordement de la signature.

Débordant d'activité, mais d'une activité toute réceptive, ouverte, ac-cueillante, prête, dans sa ruse, à recevoir toutes les impressions, l'éponge.

Débordant d'activité, entre personne, l'éponge. Débordant d'activité entre la personne, le nom propre, le nom de chose, un nom propre de chose ou un nom commun de personne, l'éponge.

C'est un intercesseur infatigable qui fait la navette entre les parties d'un contrat impossible. Les parties sont invivables, inabordables, elle ne veulent pas, du moins en tant que parties, entrer dans le contrat.

Que l'autre signe d'abord.

L'éponge se sera donc dépensée, multipliée, elle-même débordée.

Singulier pluriel qui aura presque tout absorbé, presque tout ex-primé, le propre et le non-propre. Tout épongé, fors le reste, que je nomme le texte : en raison de quoi nous sommes ici sans doute, pour ne pas en parler.

Sublime et pourtant d'elle-même imbue jusqu'à l'imbuvable. Insati-able, toujours assoiffée, d'une capacité néanmoins toute singulière, donc très limitée, modeste, presque insignifiante alors même qu'elle est capable de tout (parce qu'elle est capable de tout), elle lui aura d'avance (cette avance est préoccupante) tout volé. C'est sa préoccupation ma-

him. That is his biggest preoccupation. The sponge has stolen everything, or almost everything, from him, because it seems to take place in his place, before him, taking over responsibility for everything, imitating better than he, and underhandedly so, his idiomatic autograms, and even, which is not exactly the same thing, his so consummate (by the sponge itself consumed) art of the paraph.

He is thus, by his name, in advance of himself. Will he have gained from this advance that language gives him? Will he have gained more than he pledged, by contracting for such a loan?

What is the interest, you may ask? Thanks to what condemns him in advance, he also preserves himself: against any aggression, against infection by a foreign body, even against theft, against the other in general. For the sponge will have let him sign in advance—the absolute antedate—almost the entire body of the French language. And therefore so many others—bodies or languages. In return.

The preoccupying sponge still belongs—the thing, at least, and like nature which always precedes us—to nature. This is how it seems to common sense, which distinguishes between words and things. The sponge is still too natural to play the part of a mediator or witness (a word that should also be brought forward on the duelling field) between "things" and, as caught up in language, "names." Too immersed in nature. Too near, but by the same token, so far. Still foreign to what is human. Unlike its name, the sponge is not at hand.

In return: in order to commit himself, but also to efface by absorption a liquid (or an advance or a debt), be it proper or otherwise, he has at his disposal an almost irreplaceable artifact: *sponge-cloth.*

Because it is less natural—it comes from a factory, a process of production can be read in it—it also comes closer to us. The paradigm reappropriates, the emblem is easier to reappropriate. Its familiarity gives it a family resemblance in which its name is recovered. It is easier still to identify in its *economic* form, that is, under household law or the law of property, in a manufactured, manipulable, and domesticated form, even a conjugal form, the cut-out form of a sponge-towel.

jeure. Elle lui a tout volé, ou presque, parce qu'elle semble avoir lieu à sa place, avant lui, reprenant tout à son compte, imitant mieux que lui, en sous-main, ses autogrammes idiomatiques, voire, ce qui n'est pas exactement la même chose, son art si consommé (par elle encore) du paraphe.

Il est alors en avance, de son nom, sur lui-même. A cette avance que lui fait la langue, aura-t-il gagné? Aura-t-il, au contrat d'un tel prêt, gagné plus que ce qui l'engage?

Quel intérêt, dira-t-on? Grâce à ce qui d'avance le perd, il se garde aussi : contre toute agression, contre l'infection du corps étranger, contre le vol même, contre tout autre en général. Car l'éponge lui aura permis de signer par anticipation — l'antidate absolue — presque tout le corpus de la langue française. Et par conséquent tant d'autres — corps ou langues. En revanche.

L'éponge préoccupante appartient encore — la chose du moins, et comme la nature qui nous prévient toujours — à la nature. Il en est ainsi pour le sens commun qui distingue entre les mots et les choses. Elle est encore trop naturelle pour jouer le rôle d'un intercesseur ou d'un témoin (mot à faire comparaître aussi sur le pré d'un duel) entre les «choses» et, pris dans la langue, les «noms». Trop immergée dans la nature. Trop proche mais du même coup si éloignée. Etrangère encore à l'humain. On ne l'a pas, comme son nom, sous la main.
En revanche : pour se confier, mais aussi pour effacer en absorbant un liquide (ou une avance ou une dette) propre ou non, il dispose d'un artefact à peu près irremplaçable: le *tissu-éponge*.
Parce qu'il est moins naturel — il est issu d'une fabrique et y donne à lire un procès de production — il devient plus proche. Le paradigme réapproprie, l'emblème se laisse mieux réapproprier. Sa familiarité lui donne cet air de famille où son nom se retrouve. Il s'identifie encore mieux sous la forme *économique,* entendez sous la loi de la maison ou du propre, sous la forme manufacturée, manipulable et domestiquée, voire conjugalisée, sous la forme découpée d'une serviette-éponge.

Out of the raw material, here sponge-cloth, will have been cut, to give it form, a sponge-towel.

The sponge-cloth is thus informed. Underhandedly.

Are informed, for they already are, of course, several.

Not being sure in either case (matter and form, matter and memory, if you will), whether, on either side of the hyphen or the incessant copulation, sponge is subject or attribute, substance or accident, noun or adjective, thing or quality.

Or even the conjugation of a verb without existential or copulative function: the sponge-cloth(es), the sponge-towel(s), the hyphen indicating in this case, in the place of the *is,* that the operation neither happens to the subject nor follows it, does not depend on it, but rather affects it or defines it as its only possible act, its power or essential energy.

Conjugality plays on this, barely, as the underhanded blotting of conjugation.

There again, in a double band, the foregrounding of the masculine or femine gender—the sponge-cloth or the sponge-towel—proceeds forever to its reversal and, *recto verso,* to the reversal of reversal. Without respite, relief, or annulment.

With a negative value, the contemptible and unfriendly consistency of breadcrumbs: "This loose and frigid subsoil called crumb has a texture akin to that of sponges."

The reversal of the values of "resolution," courage, responsibility, dignity, *frankness* (see above, where it starts), also precipitates the "frigid" and "friable" downwards: "This loose and frigid subsoil called crumb has a texture akin to that of sponges: in it, leaves or flowers are like Siamese twins joined by all their elbows at once. When the bread goes stale these flowers fade and shrivel: they become detached from each other and the mass becomes friable . . .

"But let's break it off: for the bread in our mouth should be less an object of respect than of consumption."

Bread in the mouth, a vocable too, then, though removed from all

Dans la matière première, ici, d'un tissu-éponge, on aura découpé, pour lui donner forme, une serviette-éponge.

Le tissu-éponge en est informé. En sous-main.

En sont informés, car ils sont déjà, bien entendu, plusieurs.

Sans qu'on sache bien, dans les deux cas (matière et forme, matière et mémoire, si vous voulez) si, autour du trait d'union ou de la copulation incessante, éponge est sujet ou attribut, substance ou accident, nom ou adjectif, chose ou qualité.

Voire la conjugaison d'un verbe sans être et sans copule : le tissu-éponge, la serviette-éponge, le trait d'union marquant alors, à la place du *est,* que l'opération ne survient pas au sujet, ne le suit pas, ne dépend pas de lui, l'affecte ou le définit au contraire comme son seul acte possible, sa puissance ou son énergie essentielle.

En joue à peine, en sous-main de la conjugaison, la conjugalité.

Là encore : en double bande, la mise en valeur *du* ou *de la* — du tissu-éponge ou de la serviette-éponge — procède sans cesse au renversement et, *recto verso,* au renversement de renversement. Sans relâche, ni relève ni annulation.

Valeur négative, consistance méprisable, inamicale, d'une mie de pain : «Ce lâche et froid sous-sol que l'on nomme la mie a son tissu pareil à celui des éponges.»

Le retournement des valeurs de «résolution», de courage, de responsabilité, de dignité, de *franchise* (voir plus haut, par où ça commence) précipite aussi le «froid» et le «friable» vers le bas: «Ce lâche et froid sous-sol que l'on nomme la mie a son tissu pareil à celui des éponges : feuilles ou fleurs y sont comme des sœurs siamoises soudées par tous les coudes à la fois. Lorsque le pain rassit ces fleurs fanent et se rétrécissent : elles se détachent alors les unes des autres et la masse en devient friable . . .

«Mais brisons-la : car le pain doit être dans notre bouche moins objet de respect que de consommation.»

Le pain dans la bouche, un vocable donc, aussi, encore que soustrait à

adoration, a name whose oral consumption agrees with the tree from which dead wood is mostly made. Dead wood: the pine (see above for the pine forests which will have been told: "not for nothing were you remarked by F. Ponge").

To consume, to speak, for eating and drinking (just as in *The oyster:* ". . . a whole world, for eating and drinking . . ."). And cut here, just as we put the pine into our mouths. Break off here.

. . . .

As for what is frigid and friable in the subsoil, reread the "fragile but not frangible" of the *pre,* a spongy name awaiting us, a blend of earth and water, solid and liquid, after the "downpour of bad omen" and the "initial storm": moment of crisis (of crasis too, impure mixture, "crasis of paratus") in which the impulse (of song, praise, painting, or writing) hangs its desire at the highest point, just before the fall, following the sublime inhibition without which nothing would ever bound or become erect. Enough to take the breath away. Fright just after the beginning, everything might stop, not even have begun, right near the origin. *Fr* effect: everything seems to begin. Will he have named? himself, signed?

This "texture akin to that of sponges," are we justified in "calling it crumb"? But it is nonetheless looseness, frigidity, indifference. This texture is only "akin to that of sponges."

Here, this time, is the sponge-cloth, almost in a word, a single noun or name, joined to itself to aspire downwards (aspiration/suction: question of the pump, of the meaning of pumps), dragging down, to the negative values of humidity or humility ("to the value of baseness, with its pejorative coefficient, and, by way of corollary, to that of humiliation? Ah, I am, in parentheses, truly pleased that the phonetic link between the roots *humid* and *humil* should finally be proven to my satisfaction!"—*The Seine*), licking boots, grovelling before force, avid for scrapings, always ready to hold onto any scrap, the real doormat, as close as you can get to the soiled-moiled: "Now it becomes possible quite simply to scalp from the old, austere, solid rock these areas of

aucune adoration, un nom dont la consommation orale s'entend avec l'arbre dont on fait le plus de «bois mort». Bois mort : le pin (il faut voir plus haut du côté de ceux, les bois de pins, à qui il aura été dit : «ce n'est pas pour rien que vous avez été remarqués par F. Ponge»).

Consommer, parler, à boire et à manger (Tiens, comme dans *L'huître* : «. . . tout un monde, à boire et à manger . . .»). Et couper ici, à l'instant de mettre le pin à la bouche. Briser là.

. . . .

Quant au froid et au friable du sous-sol, relire le «fragile, mais non frangible» du *pré*, nom spongieux qui nous attend, mélange de terre et d'eau, de solide et de liquide, après l' «ondée de signe adverse» et «l'orage initial» : moment de crise (de crase aussi, de mélange impur, «crase de paratus») où l'élan (du chant, de la louange, de la peinture ou de l'écriture) suspend au plus haut son désir, tout près de la chute, selon l'inhibition sublime sans laquelle rien jamais ne bande. A couper le souffle. Effroi, juste après le commencement, tout peut s'arrêter, ne pas avoir même commencé, tout près de l'origine. Effet *fr* : tout paraît commencer. Aura-t-il nommé? lui-même, signé?

Ce «tissu pareil à celui des éponges», est-ce à bon droit qu'on «le nomme la mie»? Il (elle) est pourtant lâcheté, froideur, indifférence. Ce tissu est seulement «pareil à celui des éponges».

Voici, cette fois, le tissu-éponge, presque en un mot, un seul nom, à lui-même uni pour aspirer vers le bas (question de pompe, du sens des pompes), attirant vers le bas, vers les valeurs négatives de l'humidité ou de l'humilité («à celle de bassesse, avec son coefficient péjoratif, et corollairement à celle d'humiliation? Ah, je suis bien content, entre parenthèses, que le rapport phonétique entre les racines *humid* et *humil* me soit enfin justifié!» *La Seine*), léchant les bottes, rampant devant la force, avide de raclure et toujours prêt à retenir un déchet, le vrai paillasson, au plus près du souillé-mouillé : «Or, scalper tout simple-

sponge-cloth, these damp doormats: to scalp them to the saturation point" (*Moss*).

As for the inversion of meaning in terms of the pump, first re-read, while waiting for another reading, *The lyric pump* ("When the public cleansing trucks came into a street by night, what could be more poetic! [. . .] and those confused aspirations—and what one imagines inside pumps and vats, oh rapture!").

What happens with surplus value? When, for instance, proceeding from the most natural (the sponge) to the least natural (to sponge-cloth and then, as made, cut, sewn, and domesticated from it, the sponge-towel), production informs matter?

The sponge-towel no longer stands for one negative or zero value among others. It becomes the very example of the worthless, of the no-thing or the such-a-little-thing, the no-matter-what of low price, the nameless or nearly so in the mob of small things. Keep the throwaway: "It is also to rub your own nose in your own shit that I describe a million possible and imaginable other things.

"*Why not* the sponge-towel, the potato, the washing machine, anthracite? [. . .] Poetry, morals made ridiculous . . ." (*Repeated Pages* from *Proems*).

The thing is already reversed. The sponge-towel is the first example of the nothing-much, the thing of low extraction, even before anthracite: the best example of what is worthless. It has no price, it is priceless because it is so particular, so insignificant, so singular and so reproducible. Of a price, henceforward, that is *out of the question*. It becomes this singular thing: at once the example of the singular, of absolute rarity (and therefore of the impossible), and also of the arbitrary ("*Why not* the sponge-towel"?) provoking, like a challenge, through this necessity of the arbitrary, the law of contingency in which the effect of the proper name is to be recognized. An assurance all the more resolute because it is unjustifiable. It no longer has to justify itself. A few lines after the "*why not* . . . ?": "In this world with which I have nothing in common, where I cannot desire anything (we are too far from the mark), why should I not begin arbitrarily . . . etc."

An example of *The form of the world. For* the form of the world, no

ment du vieux roc austère et solide ces terrains de tissu-éponge, ces paillassons humides, à saturation devient possible» (*La mousse*).

Quant à l'inversion du sens selon la pompe, relire d'abord, pour en attendre une autre, *La pompe lyrique* («Lorsque les voitures de l'assainissement public sont arrivées nuitamment dans une rue, quoi de plus poétique! [. . .] et ces aspirations confuses — et ce que l'on imagine à l'intérieur des pompes et des cuves, ô défaillance!»)

Que se passe-t-il avec la plus-value? Quand, par exemple, du plus naturel (l'éponge) au moins naturel (le tissu-éponge puis en lui fabriquée, découpée, cousue, domestiquée, la serviette-éponge), la production informe la matière?

La serviette-éponge ne représente plus une valeur négative ou nulle parmi d'autres. Elle devient l'exemple même du sans-valeur, du rien ou du si-peu-de-chose, le n'importe quoi de peu de prix, l'anonyme ou presque dans la foule des petits. Retenir la déjection : «C'est aussi pour vous mettre le nez dans votre caca, que je décris un million d'autres choses possibles et imaginables.

«*Pourquoi pas* la serviette-éponge, la pomme de terre, la lessiveuse, l'anthracite? [. . .] La poésie, la morale ridiculisées . . .» (*Pages bis* de *Proêmes*).

La chose, déjà, s'inverse. La serviette-éponge est le premier exemple du peu de chose, de la chose de basse extraction, avant même l'anthracite : le meilleur exemple du sans-prix. Elle n'a pas de prix, elle est sans prix à force d'être si particulière, si insignifiante, si singulière et si multipliable. D'un prix, dès lors, *inabordable*. Elle devient cette chose singulière : l'exemple du singulier, de la rareté absolue (l'impossible donc); et aussi de l'arbitraire («*Pourquoi pas* la serviette-éponge»?) provoquant comme un défi, avec cette nécessité de l'arbitraire, cette loi de la contingence où se reconnaît l'effet de nom propre. Assurance d'autant plus résolue qu'elle est injustifiable. Elle n'a plus à se justifier. Quelques lignes après le «*pourquoi pas* . . .?» : «Dans ce monde avec lequel je n'ai rien de commun, où je ne peux rien désirer (nous sommes trop loin de compte), pourquoi ne commencerais-je pas arbitrairement . . . etc.»

Exemple de *La forme du monde*. *Pour* la forme du monde, ni plus ni

more and no less. But an example among other examples. Of things that are so particular, so *idiotic,* that they are always examples which are examples of nothing, being too exemplary, examples without example of singularity itself, the necessity of the arbitrary and the contingent, like each of his texts, each of his signatures, always unique, without example and yet repeating indefatigably the (same) thing, the same.

Here, a—this particular—sponge-towel and its multiplicands bear witness to an asymmetry and are distributed, in the text, as usual and as in formed textiles, above a keyhole with a key inside: "But rather, in an altogether arbitrary manner and in turn, the form of the most particular things, the most asymmetrical and supposedly contingent (and not just the form but all the characteristics, the particularities of color and smell), such as, for example, a branch of lilacs, a shrimp in the natural acquarium of rocks at the foot of the breakwater at the Grau-du-Roi, a sponge-towel in my bathroom, a keyhole with a key inside."

A sponge-towel, this very one and not another. It is not even an example or a concept of sponge-towel, but this very one, here and now (dated and signed) in *my* bathroom, this very one and not another. That which signs it as rejection or expulsion is also that which causes it to love, to desire. It reappropriates, reassures, interests: it is "interesting" and causes interest, or surplus value, to accrue at once, by virtue of the very thing that causes it to be rejected. Which is why it is more interesting than the Common Market of all other values, transactions, negotiations. "The other day, at a restaurant where we went to have dinner with friends, H.C. told me some fascinating things: all the problems of the day were at stake.

"As we talked, we headed down to the bathroom." I freeze the film for a moment: the scene of the sponge-towel, the economic crisis that will soon overturn values (we can refer here to a catastrophe) stimulating an unlimited run on investments in sponge-towels, this crash occurs once again in the lowest place. It will have been necessary to head down to the basement once again. While talking, of course. To continue: "As we were talking, we headed down to the bathroom.

"Well now, I don't know why, abruptly,

"The way my friend tossed aside the sponge-towel,

"Or rather the way the sponge-towel fell back in place on the rack—

moins. Mais exemple parmi les exemples. De choses si particulières, *idiotes,* que ce sont toujours des exemples qui ne sont exemples de rien pour être trop exemplaires, exemples sans exemple de la singularité même, nécessité de l'arbitraire et de la contingence, comme chacun de ses textes, chacune de ses signatures, toujours unique, sans exemple et pourtant répétant inlassablement la (même) chose, le même.

Ici, une — celle-ci — serviette-éponge et ses multiplicandes témoignent d'une asymétrie et sont disposés, dans le texte, comme toujours et comme les tissus informés, au-dessus d'un trou de serrure avec une clef dedans : «Mais plutôt, d'une façon tout arbitraire et tour à tour, la forme des choses les plus particulières, les plus asymétriques et de réputation contingentes (et non pas seulement la forme mais toutes les caractéristiques, les particularités de couleurs, de parfums), comme par exemple une branche de lilas, une crevette dans l'aquarium naturel des roches au bout du môle du Grau-du-Roi, une serviette-éponge dans ma salle de bains, un trou de serrure avec une clef dedans.»

Une serviette-éponge, celle-ci et non une autre. Ce n'est pas même un exemple ou un concept de serviette-éponge, mais celle-ci, ici maintenant (daté signé) dans *ma* salle de bains, celle-ci et non une autre. Ce qui signe en elle le rejet ou la déjection, c'est aussi ce qui la fait aimer, désirer. Elle réapproprie, rassure, intéresse : elle est «intéressante» et fait revenir l'intérêt, la plus-value, à l'instant et en raison même de ce qui la fait rejeter. Voilà pourquoi elle est plus intéressante que le Marché Commun de toutes les autres valeurs, transactions, négociations. «L'autre jour, au restaurant où nous allions dîner avec des amis, H. C. me disait des choses passionnantes : tous les problèmes de l'heure étaient en question.

«Tout en parlant, nous descendîmes au lavabo.» J'immobilise un instant le film : la scène de la serviette-éponge, la crise économique qui va bientôt renverser la valeur (on peut parler ici d'une catastrophe) et provoquer une hausse sans limite des investissements sur la serviette-éponge, ce crach se produit encore au plus bas. Il aura fallu descendre au sous-sol, une fois de plus. En parlant, bien sûr. Alors : «Tout en parlant, nous descendîmes au lavabo.

«Eh bien, je ne sais pourquoi, brusquement,

«La façon dont mon ami rejeta la serviette-éponge,

seemed a lot more interesting to me than the Common Market. [It was *the other subject of conversation*—J.D.]

"Also more reassuring (and overwhelming, moreover) seemed this sponge-towel. And, during dinner, I was solicited in this manner several times" (*On Still Life and Chardin*).

The inversion of values remaining incessant, and undecidability remaining constitutive, we can see that the sponge-towel (sponge-cloth or sponge-text) figures *par excellence* the nearest thing as the impossible thing, the most available and the most denied, the always other or the other-thing which makes of the thing a thing, the thingness, shall we say, of the thing, out of which is drawn the law without contract that is always, itself, the question: the impossible thing that one has to write, to sign, to cause to sign (we shall soon say "bleed"), to transform into a signature.

The impossible subject. I said at the outset that it was not a subject, or that it was rather a subject without subject. Let us approach that impossibility. *Oral Essay:* "Never refer to man. You have a profound idea of the sponge-towel, everyone does. It means something to everyone, but no one has ever had the idea that this was poetry, and that this was what it was always about, this profound idea. It is a matter of getting this idea out, without shame. That is what truth is; that is what gets us out of the rut."

That the sponge-towel should assume at this point an exemplary place for poetry and even for truth, for the truth, that "joys," as he puts it elsewhere, and "jubilates" as well—such is the chance of this colossal signature.

Colossal, I note it here as a toothing-stone because, as if by chance, the example directly following the sponge-towel is stone, a stone (as the Freud of *Das Medusenhaupt* would say) erected and medused by the sponge: "Someone says to you 'a heart of stone.' That's what stone is for. 'A heart of stone,' that will do for human relations, but you have only to dig a little bit into stone to realize that stone is something other than hard; stone *is* hard, but also something else as well."

Dig we soon will, to see what that something else is.

A little further on, still in the *Oral Essay*, he brings up his sponge-towel right next to a certain hymen, while putting aside the truth—

«Ou plutôt la façon dont la serviette-éponge se réarrangea sur son support — me parut beaucoup plus intéressante que le Marché Commun. [C'était l'*autre sujet de conversation* — J. D.]

«Plus rassurante aussi (et bouleversante, d'ailleurs) me parut cette serviette-éponge. Et, pendant le dîner, je fus ainsi sollicité plusieurs fois» (*De la nature morte et de Chardin*).

L'inversion restant incessante, et l'indécidabilité constitutive, on comprend que la serviette-éponge (tissu-éponge ou texte-éponge) figure par excellence la chose la plus proche comme chose impossible, la plus offerte et la plus refusée, la chose autre ou l'autre-chose qui fait de la chose une chose, la choséité, allons-y, de la chose depuis laquelle se dicte la loi sans contrat dont il s'agit, lui, toujours : la chose impossible qu'il faut, qu'il faut écrire, signer, faire signer (nous dirons tout à l'heure saigner), transformer en signature.

Le sujet impossible. Je disais en commençant que ce n'était pas un sujet, ou plutôt que c'était un sujet sans sujet. Approchons-nous de cet impossible. *Tentative orale* : «Jamais de référence à l'homme. Vous avez une idée profonde de la serviette-éponge, tout le monde en a une. Cela veut dire quelque chose pour chacun, mais jamais personne n'a eu l'idée que c'était cela la poésie, que c'était de cela qu'il s'agissait, de cette idée profonde. Il s'agit de sortir cela, sans vergogne. C'est cela la vérité, c'est cela qui sort du manège.»

Que la serviette-éponge vienne ici en position d'exemple pour la poésic ct même pour la vérité, pour la vérité qui «jouit», dira-t-il plus loin et ailleurs, qui «jubile» aussi, voilà la chance de cette signature colossale.

Colossale, je le note dès maintenant et en pierre d'attente parce que, comme par hasard, l'exemple qui vient aussitôt après la serviette-éponge, c'est la pierre, la pierre érigée-médusée (dirait le Freud de *das Medusenhaupt*) par l'éponge : «On vous dit : «un cœur de pierre». Voilà à quoi sert la pierre. «Un cœur de pierre», cela sert pour les rapports d'homme à homme, mais il suffit de creuser un peu la pierre pour se rendre compte qu'elle est autre chose que dure; dure, elle l'est, mais elle est aussi autre chose.»

Nous creuserons pour voir tout à l'heure de quelle autre il s'agit.

Un peu plus loin, toujours dans la *Tentative orale,* il introduit sa

93

precisely so that the truth itself can joy. ". . . truth joys. Truth is not the conclusion of a system, truth is joying. There are people who go looking for truth, it doesn't have to be looked for, it just comes; it can be found in bed, but how does one get it into bed? By talking of other things, as so often happens. By talking of other things, not philosophy, not truth, but something else. It is then frequently seen as a good in itself: in effect, it is often covered in veils, like a bride. Above all, one must refrain from using it until after it has joyed—please excuse all this . . ."

Suspension points, new paragraph, yet another digression it would seem, a step to the side.

"One should have, in any case, the fewest possible preconceived ideas. It is best of all to take up impossible subjects, which are also the nearest subjects: the sponge-towel . . . On subjects of this sort, no preconceived ideas, none that are clearly stated . . ."

In this oral essay, whose first title was *Third Person Singular*, the first and only example of an impossible subject is the sponge-towel. One among others but the only one summoned to appear, the only witness. Impossible subject, meaning in the first place an intractable object, so judged by traditional poetics or by philosophy running after truth. But in the leafy layers or, as always, in the light and spongy thickness of the sentence, the impossible subject, posed as such by Ponge, is not only an object but also a subject that dictates, demands, prescribes, gives, or refuses *itself.* Judged impossible by tradition, on account of its insignificance, it is also the subject *par excellence* for the poetics of Ponge. It is recommended, the first example of the thing to take up. This impossible thing is the necessary one.

What would intrigue us here is the fact that the sponge-towel, a subject considered impossible by traditional poetics on account of its insignificance, is, for apparently inverse reasons, also impossible for the subject Ponge who, to my knowledge, by design or otherwise, has certainly named it, set it down and set it forth in many places (what kind of place we shall shortly see) but has never dealt with it in and for itself. Except by preterition, ellipsis, in passing, in passing beyond the sponge, displacing it, hardly touching it at all. I say "to my knowledge," because I haven't read everything, or re-read the things that I had read before thinking of the sponge; and even then a reading machine would

94

serviette-éponge tout près d'un certain hymen en écartant la vérité — pour précisément qu'elle jouisse. «. . . la vérité jouit. La vérité, ce n'est pas la conclusion d'un système, la vérité c'est cela. Il y a des gens qui cherchent la vérité, il ne faut pas la chercher, on la trouve dans son lit, mais comment l'amène-t-on dans son lit? En parlant d'autre chose, comme souvent. En parlant d'autre chose, pas de philosophie, pas de vérité, mais d'autre chose. Souvent alors c'est considéré comme bien; en effet, bien souvent c'est entouré de voiles, comme les mariées. Puis, il ne faut en user qu'après qu'elle ait joui — pardonnez tout cela . . .»

Points de suspension, à la ligne, apparemment une digression de plus, un pas de côté.

«Il faut en tout cas avoir le moins d'idées préconçues possible. Le mieux c'est de prendre des sujets impossibles, ce sont les sujets les plus proches : la serviette-éponge . . . Sur les sujets de ce genre, pas d'idées préconçues, de celles qui s'énoncent clairement . . .»

Dans cette tentative orale dont le titre initial fut *La Troisième Personne du Singulier*, le premier qui vienne et le seul exemple de sujets impossibles, c'est encore la serviette-éponge. Parmi tous les autres mais le seul cité à comparaître, le seul témoin. Sujet impossible, cela veut dire d'abord objet impossible à traiter, jugé intraitable pour la poétique traditionnelle ou pour la philosophie courant après la vérité. Mais dans la stratification feuilletée ou, comme toujours, dans l'épaisseur spongieuse et légère de la phrase, le sujet impossible, comme tel par Ponge posé, ce n'est pas seulement un objet mais bien un sujet qui dicte, demande, prescrit, *se* donne ou *se* refuse. Jugé par la tradition impossible, en raison de son insignifiance, il est aussi pour la poétique de Ponge le sujet par excellence. Il est recommandé, c'est le premier exemple de ce qu'il faut prendre. Cet impossible est le nécessaire.

Ce qui nous intriguerait ici, c'est que, sujet impossible, en raison de son insignifiance, pour la poétique traditionnelle, il soit, selon des raisons apparemment inverses, aussi impossible pour le sujet Ponge qui, à ma connaissance, à dessein ou non l'a certes nommé, déposé, disposé en bien des lieux (nous verrons tout à l'heure de quel type) mais ne l'a jamais traité pour lui-même. Autrement que par prétérition, ellipse, en passant, en dépassant l'éponge, en la déplaçant, en y touchant à peine. Je dis à ma connaissance parce que je n'ai pas tout lu, ni tout relu de ce que j'avais lu sans penser à l'éponge, et puis même une machine à lire

be too crude today to bring out all the hidden, encrypted, and scattered sponges swarming at every corner of the table and of meaning, vocables, letters, etc. And above all, even if he had published a text *on* the sponge-towel, entitled the sponge-towel,* one that escaped my attention, or even if he had one on the table or under it, very well! that in itself would change nothing: it would still be one written work among others, very particular, an example without example, just as near to and just as far from the impossible subject.

This subject then remains impossible: intractable less for its anodyne insignificance than for its grave insignificance, for the impossible subjectivity that it represents, and on whose account it reclaims forever from the one who signs, the very one who signs, putting him in the role of a debtor without funds, unable to pay off his loan, to sponge off the slate. I recall in *The slate,* which is a "pumiced" stone, as he puts it, that the slate contains "an idea of credit": "There is, however, an idea of credit in the slate [. . .] Precarious chalky formulations, of something that has to go from one memory to another, quickly and repeatedly, and has to be quickly erasable [. . .] what fun to run the sponge over it [. . .] Finally, a slate is nothing more than a kind of toothing-stone, dark and hard."

"Let's ponder it."

This invitation to ponder might have induced, though I drop it here as I did with the pins and the spouses, an entire drama of vocables in *pon,* which proliferate in his lexicon like so many sigils, or abbreviated, interrupted, and condensed signatures, pinned to the surface of the page from which they plunge to the depth of memory, like sponge divers of inexhaustible breath, or prune the stitches of the text, propound or prolong all the other furrows of meaning (to be followed).

An impossible subject and a subject *par excellence,* impossible *par excellence,* the sponge-towel is not only linked by a fundless debt, but opens up an infinite line of credit, the active and passive never canceling each other out, forming a circle or closed ring. We are, on either side of the contract, beyond the contract, a gift for a gift without proportion or exchange, and this is what keeps up an unending uneasiness unto death.

*Such a text did exist: twenty-five lines under the title, **The Sponge-Towel,** published, along with this text, in the review DIGRAPHE, 8, 1976. I was unaware of it at the time of the Colloquium, but will not refrain from relating elsewhere all the confirmations I am pleased to find in it.*

serait aujourd'hui trop grossière pour relever les éponges cachées, cryptées, éparpillées, grouillant dans tous les coins de table et de sens, de vocables, de lettres, etc. Et puis, surtout, même s'il avait publié un texte *sur* la serviette-éponge, intitulé la serviette-éponge,* et qui m'eût échappé, ou encore s'il en avait un sur la table ou sous la table, eh bien! cela ne changerait rien à la chose : ce serait encore un écrit parmi d'autres, très particulier, exemple sans exemple, aussi près et aussi loin du sujet impossible.

Celui-ci est donc resté impossible : intraitable non tant à cause de son insignifiance anodine qu'à cause de son insignifiance grave, de l'impossible subjectivité qu'il représente et depuis laquelle il réclame infiniment au signataire, du signataire, le signataire, l'installe en position de débiteur sans fonds, incapable de s'acquitter du prêt, ou d'éponger l'ardoise. Je rappelle que dans *L'ardoise,* pierre «poncée», note-t-il, «il y a une idée de crédit» : «Pourtant, il y a une idée de crédit dans l'ardoise. [. . .] formulations précaires, crayeuses, pour ce qui doit passer d'une mémoire à l'autre, rapidement, à plusieurs reprises, et pouvoir être facilement effacé. [. . .] Quel plaisir d'y passer l'éponge. [. . .] L'ardoise n'est enfin qu'une sorte de pierre d'attente, terne et dure.»

«Songeons-y.»

Cette invitation au songe aurait pu induire, je l'abandonne ici, comme tout à l'heure les épingles et les épouses, toute une mise en scène des vocables en *onge* qui se multiplient dans son lexique, comme autant de sigles, de signatures abrégées, interrompues ou condensées, épinglées à la surface de la page depuis laquelle ils plongent au fond de la mémoire, comme des pêcheurs d'éponge au souffle inépuisable, ou bien encore rongent les mailles du texte, longent ou prolongent tous les autres sillages de sens (à suivre).

Sujet impossible et par excellence, impossible par excellence, la serviette-éponge ne se lie pas seulement par une dette sans fond, elle ouvre un crédit infini, mais sans que jamais le passif et l'actif s'annulent l'un l'autre, en cercle ou anneau fermé. On est, de part et d'autre, au-delà du contrat, don contre don sans proportion ni échange et c'est ce qui maintient l'inquiétude infinie jusqu'à la mort.

Cela tient à ce que le sujet impossible qui, comme toute chose faisant

Un tel texte existait : vingt-cinq lignes, sous le titre La serviette-éponge (1936-1974) publiées, en même temps que ce texte-ci dans la revue DIGRAPHE, 8, 1976. Je l'ignorais au moment du Colloque mais je ne me priverai pas de dire ailleurs toutes les confirmations qu'il me plaît d'y admirer.

This comes from the fact that the impossible subject which, like any law-making thing, is an other entirely *other*—and therefore impossible—, this entirely other is absolutely close.

Impossible subjects, as it is said, "are the closest subjects."

Which means first of all, as always with him, in the banal sense of banality: the most familiar and everyday things, for example the sponge-towel, what one really has at hand, in one's hands, around one's hands. But also the subjects which are nearest—to the subject who writes, to his proper name and to his signature: still the nearest subjects, still the sponge-towel.

He always says something else, that and something else, something besides what he says, one thing and the other, more or less the other, always something else. He says one thing as the other.

Impossible subjects, nearest subjects. It would be enough to understand that the nearest is impossible. Unapproachable.

Impossible (unapproachable, impossible to live with), why? Two indications.

1. If the near is the impossible, then the nearest, insofar as it is entirely other, also becomes the most distant. This happens through the proper name.

One has to avoid a certain hastiness which, instead of making us dash headlong into the abyss, would guide us instead away from it, distract us from it, which is another way of falling into it by mistake. We must heed the placement in abyss in order not to confuse this whole movement with a metaphysics of the proper or the near—or, again, of presence, if we linked up the values of the proper (*prope, proprius*), the near and the present. If it were more appropriate to the acts of a colloquium, I would have attempted, as elsewhere, a reading (more or less than word for word) of *The sun placed in abyss* and the *Pre*. The placement in abyss of the *pre* in the prairie, and of the *pre* (the dead one "lying here like the past participle *par excellence*") "already present in the present," is in itself already enough to displace all these values from themselves—beginning with that of presence, and then, consequently, those of proximity and propriety. We have as little to do here with a metaphysics-of-presence as with a "metaphysics of the sponge," as Bachelard said of Descartes.

loi, est un autre tout autre — impossible donc —, ce tout autre est au plus proche.

Les sujets impossibles, comme il est dit, «ce sont les sujets les plus proches».

Cela s'entend d'abord, comme toujours avec lui, au sens banal de la banalité : les plus familiers, les plus quotidiens, par exemple la serviette-éponge, vraiment ce qu'on a sous la main, dans les mains, autour des mains. Mais aussi les sujets les plus proches — du sujet qui écrit, de son nom propre et de sa signature : encore les sujets les plus proches, encore la serviette-éponge.

Il dit toujours autre chose, cela et autre chose, autre chose que ce qu'il dit, une chose plus l'autre, plus ou moins l'autre, toujours autre chose. Il dit une chose comme l'autre.

Les sujets impossibles, les sujets les plus proches. Il suffirait de comprendre que le plus proche est l'impossible. L'inabordable.

Impossible (inabordable, invivable), pourquoi? Deux indices.

1. Si le proche est l'impossible, alors le plus proche, en tant que tout autre, devient aussi le plus lointain. Cela passe par le nom propre.

Il faut se garder de telle précipitation qui au lieu de nous y faire courir la tête la première, nous conduirait plutôt à éviter l'abîme, à nous en distraire, autre façon d'y tomber par mégarde. Il faut prendre garde à la mise en abîme pour ne pas confondre tout ce mouvement avec une métaphysique du propre ou du proche — ou encore de la présence si l'on mettait en chaîne les valeurs du propre (*prope, proprius*), du proche et du présent. Si cela était plus propice aux actes d'un colloque, j'aurais tenté comme ailleurs une lecture (plus ou moins que mot à mot) du *Soleil placé en abîme* et du *Pré*. A elle seule déjà la mise en abîme du pré dans le pré, du *pré* (mort «gisant ici comme le participe passé par excellence») «présent déjà dans présent», suffit à écarter toutes ces valeurs d'elles-mêmes, à commencer par celle de présence, puis, par conséquent, de proximité et de propriété. Ne s'agit donc pas plus ici une métaphysique-de-la-présence qu'une «métaphysique de l'éponge» comme disait Bachelard de Descartes.

Mais un traitement en abîme de ses lois.

2. Le sujet le plus proche (la serviette-éponge venant à la place de la vérité ou du tout-autre, là où ça «jouit» et «jubile») sera donc resté

But with a treatment in abyss of its laws.

2. The nearest subject (the sponge-towel taking the place of truth or of the entirely-other, where it "joys" and "jubilates") will thus have remained impossible, both for the rut of traditional poetics and for himself. Even if he had treated it, even if that had happened, it still would not have happened. The event is impossible because he would still be obliged to treat something else as well and because the sponge-towel would remain other, impassive, indifferent to the one who remarks it, to its proper, its own remark. Among other reasons because the thing is always other, because the proper would vanish into the common, because the spongy structure of the sign would sponge away the proper name of which it wished to speak, and with which it wished to sign. That structure would inscribe it in a system of classification, of conceptual generality, of repetition and of placement in abyss, proceeding as if of itself.

The sign sponges the signature.

The sign sponges, which can be taken, into the bargain, as undersigned in so many different ways. The sign sponges, it is a verb, the act of the sign, of the subject "sign" insofar as it sponges (the thing and the signature). The sign sponges, it is a plural noun, in quotation marks if you like, the sign "sponges," as much the name of the sponge which is a sign, as the name of the sign which is also, as we have demonstrated, a sponge. The name of the sponge is a sign, the sponge is a sign. Then too the sign's Ponge, the proper name of the signer and friend here present and becoming the predicate of the sign, which means that we have the sign and Ponge, with Ponge (see what he does with with in the final appendix of Soap). And then, hacking away a little crudely at the language, the sign hisses Ponge. Finally, one can write, as a forgery, "signed Ponge" at the end of the acts of a colloquium or of any other engagement. It is also an order that I can give you: learn to write as one ought to write henceforth and to do so sign Ponge. Or give the order to him: sign, Ponge, addressing myself in this way to my very own thing. Or even, sign, sponge, sign, sponge, sign, eh! Ponge! (for he sulks . . .) This signsponge maintains the spongy character, the rather repugnant equivocation of this language which lends itself so economically to so many possible pretenders.

impossible, *et* pour le manège de la poétique traditionnelle *et* pour lui. Même s'il l'avait traité, même si cela était arrivé, cela ne serait pas arrivé. Evénement impossible parce qu'il serait encore obligé de traiter *aussi* d'autre chose et que la serviette-éponge resterait autre, impassible, indifférente à qui la remarque, à sa propre remarque. Entre autres raisons parce que la chose est toujours autre, parce que le propre disparaîtrait dans le commun, parce que la structure spongieuse du signe épongerait le nom propre dont il voudrait parler, dont il voudrait signer. Elle l'inscrirait dans un système de classification, de généralité conceptuelle, de répétition et de mise en abîme allant comme de soi.

Le signe éponge la signature.

Le signe éponge, cela peut s'entendre, par dessus le marché, par dessous signé de tant de façons. Le signe éponge, c'est un verbe, l'acte du signe, du sujet «signe» en tant qu'il éponge (la chose et la signature). Le signe éponge, c'est un nom, entre guillemets si vous voulez, le signe «éponge», aussi bien le nom de l'éponge qui est un signe, que le nom du signe, qui est aussi, nous l'avons vérifié, une éponge. Le nom de l'éponge est un signe, l'éponge est un signe. Puis le signe est Ponge, le nom propre du signataire et ami ici présent devenant le prédicat du signe, ce qui fait que nous avons le signe et Ponge, *avec* Ponge (voyez ce qu'il fait avec *avec* dans le dernier appendice du *Savon*). Et puis en ayant la hache un peu lourde avec la langue, le signe hait Ponge. Enfin on peut par contrefaçon inscrire signé Ponge au bas des actes d'un colloque ou de tout autre engagement. Et c'est un ordre que je peux *vous* donner : sachez écrire comme on doit écrire désormais, et pour cela signez Ponge. Ou *lui* donner : signez, Ponge, m'adressant ainsi à ma chose même. Ou bien, signe éponge, signe, éponge, signe, eh! Ponge! (car il rechigne . . .) Ce *signéponge* garde le caractère spongieux, l'équivoque un peu répugnante de cette langue qui se prête si économiquement à tant de possibles prétendants.

N'insistons pas : on peut en essuyer autant avec la serviette et Ponge.

Toutes ces variations articulent à elles seules un étrange récit sans événement. Il y a toujours au moins une phrase, un début et une fin. On ne peut y réduire au point ou à l'atome une certaine syntaxe narrative

Let us not insist: you can wipe away as much with this Ponge towel.

All these variations articulate by themselves a strange narrative without event. There is always at least one sentence, a beginning and an end. And here we cannot reduce to a point or an atom a certain narrative (or at least dramatic) syntax, the temporality of a fabulous or mythic performance. The annulling of this singular story, its reduction to the inarticulate simplicity of a name or a thing, is all the more impossible in that the story itself insists forever upon the space of its untellable impossibility: and does so not only for the reasons just defined (exchange without exchange of the name with *every* language and with *every* thing, I insist on *every* language, not only French, Latin, or Greek, for there is also somewhere a "punch" and some "ponchos") but also because this story remains a story without event in the traditional sense of the word, the story of language and writing as the inscription of the thing itself as other, of the sponge-towel, the paradigm of the thing itself as other thing, the other inaccessible thing, the impossible subject. The story of the sponge-towel, at least as I tell it from my point of view, is indeed a fable, a story with the name of fiction, a simulacrum and effect of language (*fabula*), but such that only by means of it can the thing as other and as other thing come to pass with the allure of an inappropriable event (*Ereignis* in abyss). The fable of an allure (I give the name of "allure" to the action of something that comes without coming, the thing that concerns us in this strange event) where nothing takes place except as it does in this little text (as you see, I am merely commenting at this moment on a small, very singular poem, a very brief one, but one that is fit to blow up everything, discreetly, irreplaceably) entitled *Fable*, which begins "By the word *by* this text therefore begins/Whose first line tells the truth." (Remark to follow.)

· ·

The sponge-towel, emblematic story of my name as the story of the other, beloved blason of the "impossible subject" (as you know, the expression *placement in abyss* pertains originally to the code of heraldic blasonry), a fable and another way of making history, of writing a story,

ou du moins dramatique, le temps d'une performance fabuleuse ou mythique. L'annulation de cette histoire singulière, sa réduction à la simplicité inarticulée d'un nom ou d'une chose est d'autant plus refusée que l'histoire insiste infiniment à la mesure de son impossibilité inénarrable : pour les raisons que nous venons de définir (échange sans échange du nom avec *toute* langue et *toute* chose, je dis bien *toute* langue, non seulement le français, le latin ou le grec, il y a aussi quelque part un «punch» et des «ponches») mais parce que cette histoire reste une histoire sans événement au sens traditionnel du mot, histoire de la langue et de l'écriture dans leur inscription de la chose même en tant qu'autre, de la serviette éponge, paradigme de la chose même comme autre chose, chose autre inaccessible, sujet impossible. L'histoire de la serviette-éponge, telle du moins que je la raconte de mon côté, voilà une fable, histoire au titre de fiction, simulacre et effet de langue (*fabula*) mais telle que par elle seule la chose en tant qu'autre et en tant qu'autre chose peut advenir dans l'allure d'un événement inappropriable (*Ereignis* en abîme). Fable d'une allure (j'appelle allure la démarche de ce qui vient sans venir, ce dont il y va dans cet étrange événement) où rien ne va autrement que dans ce petit texte (vous voyez que je ne commente en ce moment qu'un petit poème très singulier, très court, mais propre à faire tout sauter discrètement, irremplaçablement) intitulé *Fable* et qui commence par «Par le mot *par* commence donc ce texte/Dont la première ligne dit la vérité». (Remarque à suivre.)

· » ·

La serviette-éponge, histoire emblématique de mon nom comme histoire de l'autre, blason adoré du «sujet impossible» (vous savez que l'expression de *mise en abyme* appartient originellement au code des blasons), fable et autre manière de faire l'histoire, la serviette-éponge, c'est une autre histoire, toujours déjà entamée au moment où ça com-

the sponge-towel is another story, always already begun at the moment where it begins (by the word *by*, with the word *with*, etc.), never told for all that it is told insatiably. The end of *Soap*, the final rinsing—of the body and the soap itself—happens "while the body is *already* involved with a new object: The SPONGE-TOWEL . . ."

THE SPONGE-TOWEL in capital letters, as when he inscribes his name in Latin on a legendary stele. Then, after a pause, a big blank and the asterisk, the final words at the very bottom of the page: "But here, therefore, begins quite a different story, which I will tell you another time . . ."

This story (entirely other) of what the body is already engaged in, the story of this fabulous already which I said that he never could tell, or introduce, even in an appendix, into the body of his complete work—it could also fairly be said therefore that he has already told it, re-told it to the point of exhausting the subject. The sponge-towel will thus at once have prohibited, *prevented him from speaking,* in the very place of joying and jubilating truth, in full "orgasm" (*Soap* and *For a Malherbe*), a violated, soiled, soaked, and bleeding virgin, for which reason it has also served, as we shall see, as a pad. But it has also caused him to speak forever, from the site of truth as an effect of the menstrual cycle (right up against it), of the hymen and of undecidable deflowering. Such, for him, is *The law and the prophets*. This, as you know, is the title of a text dating from 1930. A prodigious text, treating also, I mean, the sponge-cloth and its prodigies. As I cannot do honor here to its scope, I leave it for you intact, citing only what is indispensable in order to prompt you to go and read it yourselves.

" 'It is less a matter of knowing than of being born. Self-esteem and pretension are the principal virtues.'

"One day the statues will wake up in town with pads of sponge-cloth stuck between their thighs. Then the women will pull off their own pads and throw them into the nettles. Their bodies, which used to be proud of their whiteness and their lack of issue for twenty-five days out of thirty, will show off the blood as it flows down to their ankles: they will show themselves off *in beauty.*

"Thus, through the display of something real and rather more impor-

mence (par le mot *par*, avec le mot *avec*, etc.), jamais racontée pour ce qu'elle se raconte elle-même insatiablement. La fin du *Savon*, le dernier rinçage — et du corps et du savon lui-même — se passe «tandis que le corps se prend *déjà* à un nouvel objet : LA SERVIETTE-EPONGE . . .»

LA SERVIETTE-EPONGE en capitales, comme lorsqu'il inscrit son nom en latin sur une stèle légendaire. Puis après une pause, un large blanc et l'astérisque, les derniers mots tout en bas de page : «Mais ici, donc, commence une tout autre histoire, que je vous raconterai une autre fois . . .»

Cette histoire (tout autre) de ce à quoi le corps se prend déjà, l'histoire de ce déjà fabuleux dont je disais qu'il ne pourrait jamais la raconter, la faire entrer, fût-ce en appendice, dans le corpus de son œuvre complète, on peut donc aussi bien dire qu'il l'a déjà racontée, ressassée jusqu'à épuisement du sujet. La serviette-éponge l'aura donc à la fois interdit, *empêché de parler*, à la place même de la vérité jouissante, jubilante, en plein «orgasme» (*Le Savon* et *Pour un Malherbe*), vierge violée, souillée, mouillée, saignante, en quoi elle fut aussi, comme on va voir, un bâillon. Mais elle l'a fait aussi parler sans fin, depuis la place de la vérité comme effet de règle sanglante (tout contre elle), d'hymen et de défloration indécidable. Voilà pour lui *La loi et les prophètes*. C'est, comme vous savez, le titre d'un texte de 1930. Texte prodigieux, je veux dire traitant aussi du tissu-éponge et de ses prodiges. Comme je ne peux faire ici honneur à sa taille, je vous le laisse intact, n'en citant que l'indispensable à vous faire aller voir vous-mêmes.

« ‹Il ne s'agit pas tant de connaître que de naître. L'amour-propre et la prétention sont les principales vertus.›

«Les statues se réveilleront un jour en ville avec un bâillon de tissu-éponge entre les cuisses. Alors les femmes arracheront le leur et le jetteront aux orties. Leurs corps, fiers jadis de leur blancheur et d'être sans issue vingt-cinq jours sur trente, laisseront voir le sang couler jusqu'aux chevilles : ils se montreront *en beauté*.

«Ainsi sera communiqué à tous, par la vision d'une réalité un peu plus importante que la rondeur ou que la fermeté des seins, la terreur qui saisit les petites filles la première fois.

tant than the roundness or firmness of breasts, all will sense the terror that seizes little girls the first time.

"Any idea of pure form will thus be definitively soiled."

Read the rest, and then the notes from Sidi Madani written eighteen years later (December 29, 1947, January 4, 1948) on the "bringing to joyance," the "it is signed, it is I . . ." and The Law and the Prophets. And since you have in hand an apparently insignificant towel, listen carefully for the "hygienic sigh" of *The insignificant.*

As a name or thing, would the sponge-towel form a sort of fetish (of the commodity or the penis) which one could then interpret according to a conventional reading of Marx or Freud?

Maybe, and why not, if all this—right here—were not also a reading—a scientific reading—of the effects of fetishism. Or if, in the course of the operation, the traditional opposition of the fetish to the thing itself (an opposition constituting all theories of the fetish) did not sustain a more than complicated twist: or if the ensuing simulacrum of generalized fetishism did not ruin that very opposition. Having developed this argument elsewhere, I put it aside for the moment.

. . . .

Rebus, anagrams, metonymies, synecdoches, etymological simulacra, "geneanalogies," expropriations of words or things in representation, etc.: the signature under one form or another, to which we give assistance, or which we witness, like himself, here and now, has recourse to language only in order to expunge the proper name.

But the proper name has yet to appear as such, wholly inscribed by its authentifiable bearer—authentifying and simultaneously designating itself, in what gives rise to act, to archive, legend, or signature.

To write one's name is not yet to sign it. What, then, is lacking for it to be a signature? And what if writing itself which is, however, the condition of the signature, were to efface this singular limit, this uninscribable border between the writing of one's own name and one's signature?

We seek, at this point, to approach the proper name as such, as it is given in its entirety.

«Toute idée de forme pure en sera définitivement souillée.»

Lisez la suite, puis les notes de Sidi Madani, dix-huit ans après (29 décembre 1947, 4 janvier 1948) sur le «donner à jouir», le «c'est signé, c'est moi . . .» et *La loi et les Prophètes*. Et puisque vous tenez en mains une serviette apparemment insignifiante, écoutez bien le «soupir hygiénique» de *L'insignifiant*.

Nom ou chose, le tissu-éponge formerait-il une sorte de fétiche (de la marchandise ou du pénis) qu'on interpréterait alors selon une lecture conventionnelle de Marx ou de Freud?

Peut-être, pourquoi pas, si tout ceci — ici-même — n'était aussi une lecture — une lecture scientifique — des effets de fétichisme; et si, en cours d'opération, l'opposition traditionnelle du fétiche à la chose même (opposition qui construit les théories du fétichisme) n'en prenait un coup plus que retors; et si le simulacre de fétichisme généralisé qui s'ensuit ne ruinait ladite opposition. C'est un argument que j'ai développé ailleurs et interromps donc pour l'instant.

. . . .

Rebus, anagrammes, métonymies, synecdoques, simulacres d'étymologie, «généanalogies», expropriations de mots ou de choses en représentation, etc., sous une forme ou sous une autre la signature que nous assistons ou à laquelle, comme lui, ici maintenant, nous assistons, ne recourt à la langue que pour éponger le nom propre.

Mais celui-ci n'est pas encore apparu comme tel, intégralement inscrit par son porteur authentifiable, authentifiant, du même coup se désignant dans ce qui fait acte, archive, légende ou signature.

Ecrire son nom n'est pas encore signer, de quoi s'en faut-il? Et si l'écriture même, condition de la signature pourtant, effaçait cette limite singulière, cette bordure ininscriptible entre l'écriture de son propre nom et sa signature?

Le nom propre comme tel, se donnant pour entier, nous cherchons, cette fois, à l'aborder.

In order perhaps to verify that the signature, as act, splits *immediately* into event and legend, and cannot be at one and the same time what it immediately is, event and legend: once again it disappears by becoming a piece of the thing-text, becoming impossible once again as soon as it feels its own possibility. Signature, already, of the dead man.

But the signature of the dead man also signifies the act of birth (Nature at the opening of the *Pre,* the Signature of the dead man returns at the end). Every time I sign, I give to myself, for the first and last time, my own name. At least I give myself the representation of the gift of what I cannot give myself. I give myself something I will never, in any case, have had. So that in stealing a signature—as I thus do whenever I sign, even if I sign with my own name—I mess up the act of birth and violate a tomb. I have expounded this colossal logic and, dislodging from every site the stony double of the dead phallus (*colossos*), I have let myself become involved in whatever it is that sticks a sponge-cloth between the thighs of a statue.

To abbreviate an infinite discourse about the lithography of Ponge (where the stone is everywhere at home), I confine myself to naming the two principal virtues required here of stone.

They are still contradictory and caught in a double-bind. Stone should preserve the signature, retain by its hardness the legendary inscription. But in doing so, it has to reify the act more surely than any other element, reduce it to nothing, dissociate the writing (of the name) from the signature; and thereby efface what it preserves.

A stone as a surface of inscription *and* effacement, such is the magic writing pad of whoever is Ponge. It holds some surprises for us.

A stone that countersigns, such is his (or its) chance. Pumice stone (volcanic stone, so light that it bears very little resemblance to a stone, "spongy" stone according to Littré, quoting from Voltaire's *la Pucelle:* "Should we say pumice stone, or stone of pumice? That's a big question"), pumice stone is a stone but also a stone which, not content like any stone to efface whatever it keeps, also effaces actively, by application, by rubbing, by erosive pressure. It polishes. For example the slate, as we have seen, "polished and pumiced." In *Matter and Memory*—I have never read anything more colossal on the subject of stone—there is, among other things, the following: "Let us then consider these

Pour vérifier peut-être que la signature, à faire acte, se partage d'*emblée* en événement et légende, ne peut être à la fois ce qu'elle est d'emblée, événement et légende. Une fois de plus elle se perd en devenant une pièce de la chose-texte, redevient impossible en éprouvant sa possibilité. Signature du mort, déjà.

Mais la signature du mort signifie aussi l'acte de naissance (la Nature à l'ouverture du *Pré,* la Signature du mort y retourne à la fin). En signant, je me donne à moi-même, chaque fois pour la première et la dernière fois, mon nom. Je me donne du moins la représentation du don de ce que je ne puis me donner. Je me donne ce que, en aucun cas, je n'aurai eu. Si bien qu'en volant une signature — ce que je fais, donc, aussi bien, chaque fois que je signe, fût-ce de mon propre nom — je brouille un acte de naissance et viole une sépulture. J'ai annoncé cette logique colossale et, délogeant de partout le double pierreux du phallus mort (*colossos*), je me suis laissé engager par ce qui niche le tissu-éponge entre les cuisses d'une statue.

Pour faire l'économie d'un discours sans fin sur la lithographie de Ponge (la pierre y est chez elle partout), je me contente de nommer les deux vertus principales ici requises de la pierre.

Elles sont encore contradictoires et double-bandées. La pierre doit garder la signature, retenir durement l'inscription légendaire. Mais elle doit, ce faisant, réifier l'acte plus sûrement que tout autre élément, le réduire à rien, dissocier l'écriture (du nom) de la signature; et par conséquent effacer ce qu'elle garde.

Une pierre comme surface d'inscription *et* d'effacement, voilà le bloc magique de quiconque est Ponge. Il nous réserves des surprises.

Une pierre qui contresigne, voilà sa chance. La pierre ponce (pierre volcanique, légère au point de ressembler très peu à une pierre, pierre «spongieuse», dit Littré qui cite Voltaire, dans *la Pucelle* : «Dit-on pierre ponce, ou de ponce? C'est une grande question»), la pierre ponce est une pierre mais c'est aussi une pierre qui, non contente d'effacer, comme toute pierre, ce qu'elle retient, efface aussi activement, par application, frottement, érosion pressante. Elle polit. Par exemple l'ardoise, on l'a vu, «préparée au poli, poncée». Dans *Matière et mémoire —* je n'ai jamais rien lu de plus colossal sur la pierre —, on lit ceci entre autres choses : «Venons-en donc à ces réactions de la pierre, et d'abord

reactions on the part of stone, and first of all in this moment which is, strictly speaking, poetic (before any preparation except for the prior pumicing): when the artist struggles or plays with it, so as finally to impose his seal." Or, again, in reference to the printer's stone: "When a stone has what is called a past (like a woman who has had several lovers), however well pumiced it may have been, there comes a time when it recollects in love the name of one of those former lovers, when (for example) the astonished printer sees, on the proof of a poster, the mark of an ancient Daumier, like a memory involuntarily touched upon [. . .] That stone is finished. That stone is fit to kill."

In order to take its mark properly, a living stone should therefore recover its virginity every time, like the surface of Freud's magic writing pad, and it can only recover its virginity if it undergoes a pumicing without remainder every time. *Matter and Memory* also debates "the thickness of the paper which is then opposed, espoused to the stone," effacing all relief in these "espousals." Dubious syntax of the "fit to kill."

He has to abolish his relief (his remainder) in the espousal of the pumiced stone.

The pumicing of the stone then reveals the proper name as signed (Franciscus Pontius) through a fabulous affiliation with Pontius Pilate. *For a Malherbe* points out first "something Spanish (Pons, Ponce), and perhaps a touch of Arab refinement, in my father."

And in *Soap* ("a-kind-of-stone-except"), just before the *Rinsing*, Pontius Pilate takes over the father's place: "No, it has to do only with soap and the washing of hands, after the fashion of my forefather Pontius Pilate, of whom I am so proud for his having—after saying "What is truth?"—washed his hands of the death of the Just Man (or the fanatic), and thus become the only person in the story to have gone into history with pure hands, having done his duty with no grand gestures, no grand symbols, no whining or fatuity."

Thus we go from Pontius to Pilate, a proverbial expression for saying the same thing, going between two names from the similar to the same.

This spongy petrography draws us slowly towards the signature of the proper name as such, beginning with capital letters which are followed, as a way of deflecting attention while still forming a blason, by

dans ce moment à proprement parler poétique (avant toute préparation sinon l'antérieur ponçage) : lorsque l'artiste lutte ou joue avec elle, pour enfin lui imposer son sceau.» Ou encore quant à la pierre d'imprimerie : «Quand une pierre a ce qu'on appelle un passé (comme une femme a eu plusieurs amants), si bien poncée qu'elle ait pu être, il arrive qu'elle rappelle dans l'amour le nom d'un de ces amants anciens, il arrive que sur l'épreuve d'une affiche (par exemple) l'imprimeur étonné voie apparaître, comme un souvenir involontairement affleuré, le trait d'un très ancien Daumier [. . .] De cette pierre, plus rien à faire. Cette pierre est bonne à tuer.»

Une pierre vivante doit donc, pour se laisser marquer proprement, retrouver chaque fois sa virginité, comme la surface du bloc magique de Freud, et elle ne peut la retrouver que si elle supporte chaque fois un ponçage sans reste. *Matière et mémoire* argumente aussi sur «l'épaisseur du papier qui est ensuite opposé, donné à la pierre» abolissant tout relief dans ces «épousailles». Syntaxe louche de cette «bonne à tuer».

Il faut abolir son relief (son reste) à épouser la pierre poncée.

Le ponçage de la pierre dégage alors le nom propre signé (Franciscus Pontius) à travers une parenté fabuleuse avec Ponce Pilate. *Pour un Malherbe* relève d'abord «quelque chose d'espagnol (Pons, Ponce), et même peut-être de la finesse arabe, chez mon père».

Et dans *le Savon* («une-sorte-de-pierre-mais»), juste avant le *Rinçage,* Ponce Pilate prend le relai du père : «Non, il ne s'agit que du savon et de se laver les mains, à l'instar de mon ancêtre Ponce Pilate — dont je suis si fier qu'après avoir dit : ‹Qu'est-ce que la vérité?› — il se soit lavé les mains de la mort du Juste (ou de l'exalté) et soit ainsi le seul personnage du conte à être entré dans l'histoire les mains pures, ayant fait son devoir sans grands gestes, grands symboles, vagissements et fatuité.»

On passe ainsi de Ponce à Pilate, expression proverbiale pour dire le même, sous deux noms revenant du pareil au même.

Cette pétrographie spongieuse nous achemine lentement vers la signature du nom propre comme tel, à commencer par les initiales majuscules suivies, pour détourner l'attention et faire encore blason, de noms communs. Par exemple ce dont le *spongoteras* aura fait acte dans ses *Notes pour un coquillage:* «Un coquillage est une petite chose, mais je peux la démesurer [. . .] Si alors il me vient à l'esprit que ce coquillage,

common names. Take, for example, the thing exemplified by *spongoteras* in his *Notes for a shell:* "A shell is a little thing, but I can make it immeasurable [. . .] If I then pretend that this shell, which a wave can surely submerge, is inhabited by an animal, if I add this shell to an animal [. . .] The monuments of man are like pieces of his skeleton or of any skeleton, like big bones without flesh: they do not evoke an inhabitant in keeping with their size [. . .] I can amuse myself by thinking of Rome, or Nimes, as a scattered skeleton, here the tibia, there the skull of an old, living city, of a late living thing, but then I have to picture a huge flesh-and-blood colossus, which does not in truth correspond to anything we can reasonably infer from what we have been taught, even with the help of expressions in the singular, like the Roman People, or the Folk of Provence."

Like the Roman People, the Folk of Provence are given initial capital letters. They are the initials of the signer, and, except for the *ge* of Francis Ponge, we find in these names, of things as well as of someone or no one, these anonymous names of a folk and a people, all the letters of his own name. The same procedure occurs at the end of the *Pre,* but this time, if it were not too barbaric to read the ending without its preparation, we would find the initials of the dead man (his pre-name) growing above his whole name, separated from it by a horizontal bar, $\frac{\text{pre}}{\text{name}}$, a bar which, like the surface of the earth above a rigid or decomposing cadaver—or like the surface of the coffin underneath the reclining statue—separates the (legendary) common names from the proper name:

"Therefore, dear Typesetters,
Put here, I beg of you, the final line.

Then, underneath, with no spacing at all, lay my name,
In lowercase, naturally,
      Except of course, the initials,
      Since they are those as well
      Of Fennel and Parsley
      Which will grow, tomorrow, above.

      Francis Ponge."

. . . .

qu'une lame de la mer peut sans doute recouvrir, est habité par une bête, si j'ajoute à une bête ce coquillage [. . .] Les monuments de l'homme ressemblent aux morceaux de son squelette ou de n'importe quel squelette, à de grands os décharnés : ils n'évoquent aucun habitant à leur taille [. . .] Je puis me plaire à considérer Rome, ou Nîmes, comme le squelette épars, ici le tibia, là le crâne d'une ancienne ville vivante, d'un ancien vivant, mais alors il me faut imaginer un énorme colosse en chair et en os, qui ne correspond vraiment à rien de ce qu'on peut raisonnablement inférer de ce qu'on nous a appris, même à la faveur d'expressions au singulier, comme le Peuple Romain, ou la Foule Provençale.»

Comme le Peuple Romain, la Foule Provençale porte des initiales majuscules. Ce sont celles du signataire et à l'exception du *ge* de Francis Ponge, on retrouve dans ces noms, à la fois de choses et de personne, ces noms de personne, ces noms anonymes que sont une foule et un peuple, toutes les lettres de son propre nom. Même procédé à la fin de *Pré,* mais cette fois, s'il n'était pas trop barbare de lire cette fin sans sa préparation, voici les initiales du mort (le pré-nom) qui poussent au-dessus de son nom entier, séparées de lui par une barre horizontale, $\frac{pré}{nom}$, celle qui sépare comme la surface de la terre au-dessus du cadavre rigide ou en décomposition — ou comme la surface tombale sous le gisant — les noms communs (légendaires) et le nom propre :

«Messieurs les typographes,
Placez donc ici, je vous prie, le trait final.

Puis, dessous, sans le moindre interligne, couchez mon nom,
Pris dans le bas de casse, naturellement,
   Sauf les initiales, bien sûr,
   Puisque ce sont aussi celles
   Du Fenouil et de la Prêle
   Qui demain croîtront dessus.
   ————————————

   Francis Ponge.»

· ·

(Later on, put a reading here of the *Pre* that does justice, if possible, to everything, except for the invoice which mortgages the loan in *The making.*)

. . . .

Above and below the bar, crossing the bar, the signature is both inside and outside, it overflows, flows over itself, but the outside is still within the text, the proper name forms a *part,* like a corpse in legendary decomposition, of the corpus. Twice signed, countersigned, effaced in and under the stone, the text, the tissue.

It always flows over, his signature.

The initials of the dead man, endlessly resigned, recur, this time with arms crossed or in chiasmus, in *The future of words.* This will have started very early (1925) in that very brief work in which I thought I saw some funeral hangings, although nothing describes them clearly: "As for the hangings of the day, for the common names hung in our residence in reading, no one will recognize very much except, on the outside, our initials shining like pins fixed to a monument of cloth, [. . .]"

Is it going too far to read sponge and francis in "fixed pins" crossed like those metallic letters on the drapes of Funeral Parlors (F. P.) or like the crossed swords of the circumflex (*pré, près, prêt*), "the crossed assault of oblique arms" in the duel of the *Pre,* at the moment of the final decision, stuck in the text like so many pins, especially safety pins (an arachnean image in *Scvlptvre*). The nurse who uses safety pins is not so far away in *The future of words:* after the fixed pins there comes a "drinking bowl at the breast of the mother of Hercules!"

If I unwittingly borrow here from the *Legacy of Things,* the title of a book that I have, unfortunately, yet to read, I beg forgiveness of Henri Maldiney.

. . . .

Will one have been in attendance at the deduction of his name?

In other words deduced everything from his name, itself deduced

(Placer ici, plus tard, une lecture du *Pré* faisant droit, si possible, à tout, à la réserve d'une facture hypothéquant le prêt dans *La fabrique*.)

. . . .

Au-dessus et au-dessous de la barre, passant la barre, la signature est à la fois dedans et dehors, elle déborde, elle se déborde, mais le dehors est encore dans le texte, le nom propre fait *partie,* comme cadavre en décomposition légendaire, du corpus. Deux fois signé, contresigné, effacé dans et sous la pierre, le texte, le tissu.

Ça déborde toujours, sa signature.

Initiales du mort, sans cesse resignées, cette fois les bras croisés ou en chiasme, dans *L'avenir des paroles.* Ça aura commencé très tôt (1925) dans cet écrit très court où j'avais vu des tentures funéraires alors que rien ne les décrit clairement : «Quant aux tentures du jour, aux noms communs drapés pour notre demeure en lecture on ne reconnaîtra plus grand-chose sinon de hors par ci nos initiales briller comme épingles ferrées sur un monument de toile, [. . .]»

Est-il abusif de lire éponge et francis dans «épingles ferrées», croisées comme ces lettres métallisées sur les tentures de Pompes Funèbres (P.F/ F.P) ou comme les épées croisées de l'accent circonflexe (pré, près, prêt), «l'assaut croisé d'armes obliques» dans le duel du *Pré,* au moment de la décision finale, piquées dans le texte comme tant d'épingles et surtout d'épingles à nourrice (figure arachnéide dans *Scvlptvre*). La nourrice n'est plus très loin dans *L'avenir des paroles* : au-dessous des épingles ferrées survient un «bol à boire au nichon de la mère d'Hercule!»

Si sans le savoir j'emprunte ici au *Legs des choses,* titre d'un livre que je n'ai malheureusement pu lire encore, je prie Henri Maldiney de me pardonner.

. . . .

Aura-t-on assisté à la déduction de son nom?

Autrement dit tout déduit de son nom lui-même déduit de tout, soustrait à tout ce qu'il aura mis dans sa propre dérive?

from everything, deducted from everything that it will have placed in its own drifting?

Will I myself have caught the whole drift of his work from the accident of his name?

That would be a bit too simple, and I said at the outset that the question of his name would never be more than a little, insignificant piece of the whole corpus. And his work is so little the product of his name that it springs rather from an aptitude for doing without it. Fundamentally, he shows very well that he doesn't give a damn about the sponge, making scenes for it and courting it. One could also imagine a perfect homonym incapable of giving rise to that work. As for an eventual clinical psychoanalysis of Francis Ponge himself—of whom I haven't spoken—in connection with his name, it will have far too much or too little of his work to work with. Not only would it have to accept in this case its own interminability, it would also have to take into account the fact that the text in itself is *also* an applied science of interminability, of non-saturability, taking into account the undecidable with respect to language, effects of naming (proper or common names), a science of chance (*alea*) putting its subject into play. What could a science of the *alea* be? If he had had another name, and if by some incredible hypothesis he could still have been the same person, would he have written the *same thing*? Yes and no. What could the pertinence of this question be, anyway? We are at the threshold of such a science, which itself engages in a rather singular relationship with the very name of science. And he has done more than a little to bring it to our attention. In the light of which his work is not a case with which this science might deal, but, in all senses, an element of its corpus, an irreplaceable case consubstantial with a declaration of law.

The *alea* that informs such a relation between proper name and mother tongue is only one of a very large set of variables. Not only does everyone not have the chance (or the merit) to be called Francis Ponge, but even with the same name all sorts of economies, idiomatic in each case, can be instituted, the form of the proper name providing at times a very strict, and at other times a lateral and derivative, organizational function. Moreover, the thing that sets up the process in his name is not only, or essentially, the affinity of the first or last name with a

Aurai-je moi-même dérivé tout son œuvre de la chance de son nom? Ce serait un peu simple et j'ai dit en commençant que la question de son nom ne serait jamais qu'une petite pièce, insignifiante, du corpus. Et son œuvre est si peu le produit de son nom qu'elle s'érige à partir de l'aptitude à s'en passer. Au fond, il marque bien qu'il se fout de l'éponge, à laquelle il fait une scène, et la cour. Et l'on peut imaginer un parfait homonyme incapable d'ériger cette chose-là. Quant à une éventuelle psychanalyse clinique de Francis Ponge lui-même — dont je n'ai pas parlé — dans ses rapports avec son nom, elle aurait beaucoup trop ou trop peu de son œuvre pour opérer. Elle devrait non seulement assumer en ce cas sa propre interminabilité à elle mais tenir compte de ce que son texte (à lui) est *aussi* une science pratique de l'interminabilité, de la non-saturabilité, compte tenu de l'indécidable quant à la langue, aux effets de nomination (propres ou communs), une science de l'*alea* mettant en jeu son sujet. Que peut être une science de l'*alea*? Avec un autre nom, si par hypothèse incroyable il eût encore été le même, aurait-il écrit la *même chose*? oui et non. Quelle peut être, d'ailleurs, la pertinence de cette question? Nous sommes au seuil d'une telle science, qui entretient elle-même, avec le nom de science, un si singulier rapport. Et il n'a pas peu fait pour nous y introduire. En quoi son œuvre n'est pas un cas dont traiterait cette science mais, en tous les sens, un élément de son corpus, un cas irremplaçable faisant corps avec une déclaration de loi.

L'*alea* qui instruit un tel rapport du nom propre avec la langue maternelle n'est qu'une variable dans un ensemble très grand de variables. Non seulement tout le monde n'a pas la chance (ou le mérite) de s'appeler Francis Ponge, mais avec le même nom toute sorte d'économies peuvent s'instituer, chaque fois idiomatiques, parfois donnant à la forme du nom propre une fonction organisatrice forte, parfois très latérale et dérivée. Et puis ce qui a fait travailler, dans son nom, ce n'est pas seulement, ni essentiellement, l'affinité de chacun de ses prénom et nom avec une signification *catégorématique,* avec un nom de chose ou de propriété générale (franchise, francité, éponge, spongiosité, etc.) mais la syntaxe, le récit fabuleux et les riches possibilités de l'articulation syntaxique entre les deux éléments lexicaux, autrement dit la liaison *syncatégorématique.* Je vous laisse aussi imaginer, ça peut arriver, le cas

categorematical signification, with the name of a thing or a general property (frankness, Frenchness, sponge, spongiosity, etc.) but also the syntax, the fabulous story and the rich possibilities of syntactical articulation between the two lexical elements, in other words a *syncategorematical* linkage. I will also let you imagine, something of the kind could occur, the case of an individual trying to blason, or emblematize a simple syncategoreme, a conjunction, an adverb or a pronoun, a logical or chronological pivot, for example, who knows, the enigmatic sigil of *more, for, there, now, without, not, if, already, save, who, I, when, neither, henceforth, he, beforehand, ah!, et cetera,* etc.

Concerning what it is that distributes forces in an irreducibly singular phantasmatic organization, and how it should have happened thus in the case of the finite individual with the name of Francis Ponge, I haven't said a thing. And even supposing (I'd love to see it happen) that one *could* say something singularly pertinent about it, that cannot happen here. One can imagine in any case the complexity of the scene that he will have set for an analyst who is full of curiosity about his name: just think of what happens when he asks the typesetters to "lay my name."

Seeming all the while to lead back to his signature—patience, we aren't there yet—I suggested that the signature, in being everything, was nothing. It doesn't explain anything. It is the signature of *nothings* (in the plural), because it is, if you follow the consequences, the signature of everything. To employ a Russellian term, we could say that he has diabolized his signature, and all the language and the speech it contaminates, because he disguises every proper name as a description and every description as a proper name, showing, by way of this ruse, that such a possibility, always an open one, was constitutive of writing, to the extent that literature works it over on all sides. You never know whether he names or describes, nor whether the thing he describes-names is the thing or the name, the common or proper name.

The proper name, in its aleatoriness, should have no meaning and should spend itself in immediate reference. But the chance or the misery of its arbitrary character (always other in each case), is that its inscription in language always affects it with a potential for meaning, and for no longer being proper once it has a meaning (the "hygienic

d'un individu se prenant à blasonner, à emblématiser un simple syn-catégorème, une conjonction ou un adverbe, un pronom, un pivot logi-que ou chronologique, par exemple, je ne sais pas, le sigle énigmatique de *plus, car, là, or, sans, pas, si, déjà, sauf, qui, je, quand, ni, désormais, il, auparavant, eh ! et cætera,* etc.

De ce qui distribue les forces dans une organisation phantasmatique irréductiblement singulière, et pour expliquer que cela se soit passé ainsi dans le cas de l'individu fini nommé Francis Ponge, je n'ai rien dit. Et à supposer, j'aimerais bien voir, qu'on puisse en dire quelque chose de singulièrement pertinent, cela ne peut se faire ici. On imagine en tout cas la complication de la scène qu'il aura préparée à l'analyste curieux de son nom; regardez ce qui se passe quand il s'adresse aux typographes pour leur dire «couchez mon nom».

Tout en paraissant reconduire sans cesse à sa signature — nous n'y sommes pas encore, patience — j'ai suggéré que celle-ci, à être tout n'était rien. Elle n'explique rien. Elle est signature de *riens* (au pluriel) pour être, si l'on en suit la conséquence, de tout. Pour utiliser un code russellien, disons qu'il a diabolisé sa signature, et tout le langage et toute la langue qu'elle contamine, parce qu'il déguise tous les noms propres en descriptions et toutes les descriptions en noms propres, révélant, par la ruse, que cette possibilité, toujours ouverte, était cons-titutive de l'écriture, en tant que la littérature la travaille de partout. On ne sait jamais s'il nomme ou s'il décrit, ni si ce qu'il décrit-nomme est la chose ou le nom, le commun ou le propre.

Le nom propre, en son aléatoire, devrait n'avoir aucun sens, et s'épuiser en référence immédiate. Or la chance ou le malheur de son arbitraire (toujours autre dans chaque cas), c'est que son inscription dans la langue l'affecte toujours d'une potentialité de sens; et de n'être plus propre dès lors qu'il signifie («soupir hygiénique» de *L'insignifi-ant*). Il redevient signifiant, de portée limitée, dès lors que le sémanti-que le réinvestit. Il commence à rentrer dans les cadres d'une science générale maîtrisant les effets d'*alea*. C'est le moment où l'on peut com-mencer à traduire, même un nom propre. J'ai toujours, dans mon for intérieur, souhaité bien du plaisir aux traducteurs d'un Ponge. L'inté-ressant, à peine croyable au point où nous en sommes, c'est que cela ne soit pas *tout à fait* impossible. A condition, bien sûr, de n'en rien

sigh" of *The insignificant*). It becomes meaningful once again, of limited range, once it is reinvested with semantic content. It starts to re-enter the framework of a general science that governs the effects of the *alea*. This is the point where we can start to translate, even to translate a proper name. I have always, in my heart of hearts, wished a good deal of pleasure for the translators of a Ponge. The interesting thing, hardly credible at the point we have reached, is that this is not *entirely* impossible. On the condition, of course, that one expects that nothing will come of it unless the foreign reader knows by heart Ponge, the French language, and the Francisponged language. For that, we haven't even come to the starting line yet.

· ·

I have decided to leave you on this line.

In the form of the whole name, the inscription of the signature plays strangely with the frame, with the border of the text, sometimes inside, sometimes outside, sometimes included, sometimes thrown overboard. But it is still included when thrown overboard and always eminent when drunk in by the surface of the text. His signature, as I said, overflows. Flows over itself. It overflows, his signature.

We must decide to scandalize those illiterate scientisms, those tiresome and obscurantist advocates of poetics—impotent censors above all—shocked by what can be done with a dictionary, given what we know, scientifically, about what it means to be called Ponge, to live there, and to dig, as it is said in *Methods,* a tunnel of sponge. We have to scandalize them, make them cry out still louder—in the first place because it is fun to do so, and why deny ourselves the pleasure—by risking a final simulacrum of etymology on the borders, by linking another *sponge,* through attraction, to *esponde,* after Littré, and so to the Latin *sponda* (extremity, border of the bed, the edge where nothing ever happens). Another fabulous genealogy for a poet.

Thus, on the inner border, his initials in *rebus* (Fennel and Parsley), and on the outer border the whole of his proper name. Between the two, the border, *esponde.* Hence the name, again between the two:

attendre si l'on ne connaît pas par cœur en le lisant à l'étranger et Ponge et la langue française et la langue francisépongée. Nous n'y avons pas encore abordé.

. . . .

C'est sur ce bord que j'ai décidé de vous abandonner.

Sous sa forme de nom entier, l'inscription de la signature joue étrangement avec le cadre, avec le bord du texte, tantôt dedans, tantôt dehors, tantôt incluse tantôt par-dessus bord. Mais encore incluse quand elle est par-dessus bord et tout éminente quand elle est bue par la surface du texte. Sa signature, disais-je, déborde. Se déborde. Ça déborde, sa signature.

Il faut résolument scandaliser les scientismes analphabètes, les plats et obscurantistes plaidoyers pour la poétique interdits — interdicteurs impuissants surtout — devant ce qu'on peut faire d'un dictionnaire, étant donné ce qu'on sait, scientifiquement, que c'est, quand on s'appelle Ponge et qu'on l'habite et qu'on y creuse, comme il est dit dans *Méthodes,* une galerie spongieuse. Il faut les scandaliser, les faire crier encore plus fort, d'abord ça fait plaisir et pourquoi s'en priver, en risquant un dernier simulacre d'étymologie sur les bords, renvoyant une autre *éponge,* par attraction, à *esponde,* dit Littré, et au latin *sponda* (l'extrémité, le bord du lit, la rive où nul événement ne s'arrive jamais). Autre généalogie fabuleuse d'un poète.

Donc, sur le bord interne, les initiales *rebus* (Fenouil et Prêle) et sur le bord externe le nom propre en entier. Le bord, l'esponde, entre les deux. Donc le nom, encore entre les deux : partout, nulle part. Dans le texte, mais le dedans est aussi abîmé que le pré.

La signature *dans* le texte, elle y est tellement, tout en s'excluant pour le soussigné Ponge, qu'elle aura été calculée, déjà, dans *la Fabrique du pré.* Les notes préparant *Le pré* y sont comme toujours datées et même

everywhere, nowhere. Within the text, except that the inside is just as decomposed as the pre.

The signature included *in* the text is so ubiquitously there, while simultaneously excluding itself for the undersigned Ponge, that this would have been calculated already in *the Making of the pre.* There, the notes that prepare *The pre* are dated as always and even signed (he will have signed the pre and its preparation, prepared his signature, pre-signed, and, for example, right next to the word *nature,* on 24-2-63 [3]). Signature at the rear:

"*Our nature*
each morning proposes (procures), offers
pre's.
Coda (in the past definite):
Our nature has prepared us (for) some pre's.

Francis Ponge."

But according to the law, a small part of the text, (the) *signature,* takes hold of the text, which it covers to the point that it also makes the text into a small part of itself, and therefore overflows it.

A single indication: the whole of what exists, nature as it precedes and presides over everything *born* (*phusis*), also becomes his word and, thus, a piece, I will now say a bit of signature. *Nature* is the first name in the *Pre:* "That Nature, sometimes, at our awakening . . . ." Which is why he substitutes *gnature* for nature along the way. The *si* is thus detached, like the *alea* of a dice throw, from the signature. The gnature is only a bit of his signature, itself having once again become, when he dies, a part of gnature after the decision (the duel). This, too, can be read in preparation, in *the Making of the pre,* dated 19-7-64: "Here therefore on this pre is the occasion, as it ought to be, prematurely, to come to an end. I should like the typesetters to put below this final line the finishing touch on this little prose about the gnature of pre's" (etc., the fennel and parsley have yet to acquire their capital letter).

If a (pure) signature has no meaning, it is equivalent to nature, the arbitrary and the natural coming finally together, since nature is a "non-significant" writing. The signature becomes nature (sepulcher and genesis). In *Methods:* ". . . all nature, men included, is a kind of writing, but

signées (il aura signé le pré et sa préparation, préparé sa signature, pré-signé, et par exemple tout près du mot *nature,* à la date du 24-2-63 [3].)
Signature en queue :

«*Notre nature*
chaque matin propose (procure), offre
des prés.
Coda (au parfait défini) :
Notre nature nous a préparé(s) (à) des prés.

Francis Ponge.»

Mais selon la loi, petite partie du texte, (la) *signature* s'empare de tout le texte qu'elle couvre jusqu'à ne plus faire de lui qu'une partie d'elle-même, qu'elle déborde donc.

Un seul indice : le tout de ce qui est, la nature qui précède et préside à tout ce qui *naît* (la *physis*), devient aussi son mot et à ce titre, un morceau, je dirai maintenant un mors de signature. *Nature* est le premier nom du *Pré :* «Que parfois la Nature, à notre réveil . . .». C'est pourquoi il substitue *gnature* à nature en cours de route. Le *si* alors se détache, comme l'*alea* d'un coup de dé, de la signature. La gnature n'est qu'un mors de sa signature elle-même redevenue, à sa mort, après la décision (duel) partie de la gnature. Cela encore est lisible en préparation dans *La fabrique du pré,* à la date du 19-7-64 : «Voici donc sur ce pré l'occasion, comme il faut, prématurément, d'en finir. Messieurs les typographes voudront bien, sous cette dernière ligne, à cette petite prose de la gnature des prés, mettre le trait final» (etc., le fenouil et la prêle n'ont pas encore leur majuscule).

Si une signature (pure) est sans signification, elle équivaut à la nature, l'arbitraire et le naturel se confondant enfin, puisque la nature est une écriture «non significative». La signature devient nature (sépulture et genèse). *Méthodes :* «. . . la nature entière, y compris les hommes, est une écriture *non significative,* parce qu'elle ne se réfère à aucun système de signification, du fait qu'il s'agit d'un univers infini, à proprement parler *immense,* sans limites.» Sans bord.

a *non-significant* writing, because it does not refer to any system of meaning, due to the fact that it has to do with an infinite universe, properly speaking *immense,* without limits." Without border.
Signature without border, thrown overboard.

The colossal structure of the seal assumes a number of aspects, all of them original. In the immense *Volet,* the effect of the *esponde* or border is even more complex. I will merely recall the outline. The proper name does not appear, being replaced by a reference to the place where a signature ought to occur (there are problems of editions which I put aside for the moment). We read ("signed inside") in parentheses. Parentheses, stressing inclusion, are sufficient to set apart the workings of the simple interior, insisting all the same that it takes (its) place inside. And still, this inside—a full and empty place—moves strangely outward: "(signed inside)" is found at the bottom and as if at the tail end of the undersigned text, and hence in a position of exteriority, but still at the heart of the text if you bear in mind that this text is itself succeeded by a scholium beginning directly after it. The scholium in its turn is so hard to detach from the body of the text that the work as a whole bears the title of *The volet, followed by its scholium.*

There are, in addition, all the legendary and monumental inscriptions in Latin and in capital letters, with no distinction between upper- and lower-case letters, connoting at once the Latin genealogy and the archeological character of the epitaph. The signatory deciphers the monumental tomb that he has erected and engraved for himself, and also abandoned to tumble down into ruins (". . . any old book like a stele, a monument, a rock . . ." *The Seine*). Thus at the end of the first printing of *The Fig (dried).*

FRANCISCUS PONTIUS
NEMAUSENSIS POETA
ANNO MCMLIX FECIT

(Just about at the center of *The Fig (dried),* the infinitive *TO FREE UP* is alone on its line.)

Signature sans bord, projetée par-dessus bord.

La structure colossale du seing prend beaucoup d'autres allures, chaque fois originales. Dans l'immense *Volet,* l'effet d'esponde ou de bord est encore plus compliqué. Je n'en rappelle que le schéma. Le nom propre n'apparaît pas, il est remplacé par la mention de la place où opérerait une signature. (Je laisse de côté le problème d'édition, pour l'instant). On lit «(signé à l'intérieur)» entre parenthèses. Les parenthèses, remarquant l'inclusion, suffisent à dégager l'opération du simple dedans tout en affirmant qu'elle a (son) lieu dedans. Encore ce dedans — place vide et pleine — ressort-il étrangement : «(signé à l'intérieur)» se trouve en bas et comme en queue du texte soussigné, donc en situation d'extériorité, mais encore au sein du texte si l'on considère que celui-ci est suivi de sa scholie qui commence aussitôt après. Mais la scholie est si peu détachable du corps textuel que celui-ci porte en titre *Le volet, suivi de sa scholie.*

Il y a aussi toutes les inscriptions légendaires et monumentales en langue latine et lettres capitales, majuscules et minuscules indistinctes, connotant à la fois la généalogie latine et le caractère archéologique de l'épitaphe. Le signataire déchiffre la tombe monumentale qu'il a pour lui-même érigée, gravée, laissé aussi tomber («. . . n'importe quel livre comme une stèle, un monument, un roc . . .» *La Seine*). Ainsi à la fin de la première publication de *La Figue (sèche).*

FRANCISCUS   PONTIUS
NEMAUSENSIS   POETA
ANNO MCMLIX FECIT

(A peu près au centre de *La Figue (sèche),* l'infinitif FRANCHIR est seul sur la ligne.)

Toutes ces signatures sont en caractères d'imprimerie. Il arrive que l'autographie soit aussi reproduite, mais elle n'est déjà plus originale,

All these signatures are in printed letters. Autography may also be reproduced, but then it is no longer original, merely reprinted. This is the case at the end of *Braque or meditation at work.*

. . . .

Someone now—but who?—will have signed Ponge and pulled it off.

He now needs the countersignature of the other, of the thing that is not yet his own and is to be found in representation in the whole of *phusis.*

Chance obliges. But despite the chance of this extraordinary double name (others can carry it without obligation) the immense autograph would have remained consigned to the invisible, a sort of murmuring, impotent auto-affection, an infatuation bound to a minor narcissism, had he not, in obedience to the mute and tyrannical law of the thing, expended so much force to effectively sponge off the debt: *in the world.* To acquit himself by washing his hands, I don't wish to exaggerate, of a spot, the task of spot checking, the task of his name, entrusted to him by the thing. Of a debt, contracted with Nature.

All the nominal signatures together would not have produced this colossal text if the signatory (but who?), in order to sponge off the slate and give a gift without counterpart to the thing in its own turn, had not interested the thing in the signature.

Not only by entering a contract with the thing but a contract where nothing is exchanged, where the obligated (impossible, unapproachable) parties remain irrelevant, released from everything at the very moment when they are most bound up with each other, a contract where all is exchanged for nothing, a contract without contract where what is exchanged is not something determinate to be signed at the end, but the signature itself, all by itself.

He (or it) would have needed that: to make the thing sign and to change the thing into his (or its) signature.

Not to exchange something with the thing as impossible subject, but to make of the thing his (or its) signature.

Signature. Whose signature?

Reflexivity, as will have been self-remarked before, can devise co-

clichée seulement. Tel est le cas à la fin du *Braque où la méditation à l'œuvre.*

. . . .

Quelqu'un maintenant — mais qui? — aura signé Ponge et réussi son coup.

Lui faut maintenant la contresignature de l'autre, de la chose qui n'est pas encore la sienne et se trouve en représentation dans la *physis* tout entière.

La chance oblige. Mais malgré la chance de ce double nom inouï (d'autres peuvent en être porteurs sans obligation), l'immense autographe serait resté confié à l'invisible, sorte d'auto-affection murmurante et impuissante, infatuation serve d'un petit narcissisme si, obéissant à la loi muette et tyrannique de la chose, il n'avait déployé tant de force à éponger effectivement la dette : *dans le monde.* A s'acquitter, s'en lavant les mains, je ne voudrais pas trop accentuer la chose, d'une tâche, la tâche de son nom, à lui confiée par la chose. D'un prêt contracté auprès de Nature.

Toutes les signatures nominales n'auraient pas produit ce texte colossal si le signataire (mais qui?) n'avait, pour éponger l'ardoise et faire à la chose à son tour don sans contre-partie, intéressé la chose à la signature.

Non seulement en passant un contrat avec elle mais un contrat où rien ne s'échange, où les parties obligées (impossibles, inabordables) restent hors de cause, affranchies de tout au moment où elles sont entre elles le plus liées, un contrat où tout s'échange contre rien, un contrat sans contrat où ce qui s'échange ce n'est pas quelque chose de déterminé au bas de quoi l'on signe, mais la signature même, toute seule.

Lui aura fallu cela : faire signer la chose et transformer la chose en sa signature.

Non pas échanger quelque chose avec la chose comme sujet impossible mais faire de la chose sa signature.

Sa signature. La signature de qui?

Le réfléchi, cela se sera remarqué au départ, trame parfois des coquet-

quetries and seductions of this type. When I say: someone wanted to change the thing into a signature, I don't know whether you think I mean the signature of the thing or the signature of the person, especially if this someone is also the thing. It is as if for example, I said in French: his (or her) daughter has the forename of his (or her) father. Figure out whether the name comes from the father or the grandfather. This is not without consequence.

Now there is no text here which, in the final analysis, lacks this effect of countersignature by means of which, setting my seal at the bottom of an I O U made out for an infinite debt in regard to the thing as something other, I interest the thing that regards me, I interest it in signing itself, by itself, and in becoming, while remaining the thing it is, entirely other, also a consigned part of my text. This is also the condition allowing my text to escape me and fly like a rocket along the path of its own trajectory, freed up, in my name and in the laws of my language, from my name and my language.

This is, of course, impossible, rather as if I tried to make Ponge, my impossible thing, underwrite the thing that I am making here, make him sign and countersign this text.

That regards him, no longer myself.

He (or it) has brought it off, however, this impossible thing. Which is why we are here.

If we are here, it is because he has succeeded. But are we here?

The effect of the countersignature makes us move from what I had called, for the sake of convenience, the nominal signature (linked to the name in language), to the other two signatures. I had also made clear that he stamped this tripartition with non-pertinence, in place of his seal.

He has also provided a name for the countersignature within the signature, for the signature in contraband with itself. When each text has secured the countersignature of the other thing, it merely finds itself provided with its own irreplaceable idiom, hence with a signature detached from the permanent name of the "general" author.

That necessarily happens through the affect of the other, the affect affected by the other.

On the subject of Fautrier (follow the line that leads the *Note on the*

teries et des séductions de ce genre. Quand je dis : quelqu'un a voulu transformer la chose en sa signature, je ne sais pas si vous entendez la signature de la chose ou sa signature à lui, surtout si ce quelqu'un est aussi la chose. C'est comme si je disais en français, par exemple : sa fille porte le prénom de son père. Allez savoir s'il s'agit du prénom du père ou du grand-père. Cela n'est pas sans conséquence.

Eh bien, il n'y a pas de texte, ici, qui reste au bout du compte sans cet effet de contresignature par lequel, couchant mon seing dressé au bas d'une reconnaissance de dette infinie à l'égard de la chose comme autre chose, j'intéresse la chose qui me regarde, je l'intéresse à signer elle-même, d'elle-même, et à devenir, en restant ce qu'elle est, tout autre, aussi une partie consignée de mon texte. C'est aussi la condition pour que mon texte s'émancipe de moi et parte comme une fusée n'obéissant qu'à sa propre catapulte, affranchie, en mon nom et sous la législation de ma langue, et de mon nom et de ma langue.

C'est impossible, bien sûr, un peu comme si je tentais de faire que Ponge, ma chose impossible, souscrive à ce que je fabrique ici, signe et contresigne ce texte.

Ça le regarde, plus moi.

Lui a réussi pourtant, cet impossible. Et c'est pourquoi nous sommes là.

Si nous sommes là, c'est qu'il a réussi. Mais sommes-nous là ?

L'effet de contresignature nous fait passer de ce que j'avais appelé par commodité la signature nominale (liée au nom dans la langue), aux deux autres signatures. J'avais aussi précisé que cette tripartition était par lui frappée de non-pertinence, au lieu de son sceau.

La contresignature dans la signature, la signature d'elle-même en contrebande, il a aussi nommé cela. Chaque texte, quand il a réussi à se faire contresigner par la chose autre, se trouve alors seulement pourvu de son idiome irremplaçable et donc d'une signature déliée du nom permanent de l'auteur «général».

Cela passe nécessairement par l'affect de l'autre, l'affect qui s'affecte de l'autre.

A propos de Fautrier, (suivez ce qui conduit la *Note sur les otages* de la

hostages from sexual difference and excremental writing to the "sigil" of hostage, a manuscript "as simple as the cross"), the *New Notes scribbled hastily after his death* describe the countersignature. They start out with "energy" and "*difference* finally, willed with passion, loved and satisfied, brought to its maximal jubilation." They end by cutting off neatly and, as always, by explaining what it means to cut off neatly when writing, and why the countersignature pays. Here it is:

"At the moment of execution, instead of reducing everything to the level of perfected detail, it is sometimes essential to cut off, in order to preserve the grandeur of the whole.

"There is in this a sign of being cut free, the lack of illusion, the refusal to be duped, which *pays off,* in the end, very handsomely.

"But I want to recall, by way of conclusion, the (ever present) modest (in its aim) and proud (in its execution) reference to the object of emotion.

"Which is at once *to defer* and, by an act of the will, *to name.*

"This has to do with a kind of counter-signature. With the signature of the *other,* your momentary partner.

"To the signature (always the same) of the artist, is eventually added a far more voluminous, grandiose and impassioned one (and different each time), the one imposed by the emotion aroused by the encounter with the object, by an emotion which was the occasional cause of the work, which one can finally surrender to all risks: it doesn't regard us any more."

It is thus from the countersignature that a signature is properly carried off. And it is in the instant when it is thus carried off that *there is text.* You therefore no longer know which of the two partners will have signed first. "Rightly or wrongly, I don't know why, I have always thought, ever since childhood, that the only worthwhile texts were the ones that could be inscribed in stone; the only texts I could proudly agree to sign (or countersign), ones that could *not* be signed at all; texts that would *still stand* as natural objects in the open air, in the sun, in the rain, in the wind. This is precisely the property of inscriptions [. . .] In sum, *I approve of Nature [. . .] I countersign the work of Time (or Weather)." (For a Malherbe).*

différence sexuelle et de l'écriture excrémentielle au «sigle» d'otage,

manuscrit «aussi simple que la croix»), les *Nouvelles Notes*

crayonnées hâtivement depuis sa mort décrivent la contresignature. Elles s'ouvrent sur l'«énergie» et «*la différence* enfin, voulue avec passion, aimée et satisfaite, amenée à sa jubilation maxima.» Elles se terminent en tranchant net et, comme toujours, en expliquant ce que veut dire trancher net quand on écrit, et pourquoi la contre-signature est payante. Voici :

«Au moment de l'exécution, au lieu de diminuer le tout au niveau des perfections de détail, il faut trancher parfois, pour préserver la grandeur de l'ensemble.

«Il y a là un signe d'affranchissement, de manque d'illusion, de refus de la duperie, qui est, finalement, très *payant*.

«Mais je veux rappeler, pour finir, la (toujours présente) modeste (dans l'intention) et fière (dans l'exécution) référence à l'objet de l'émotion.

«Ce qui est à la fois *déférer* et, par acte volontaire, *nommer*.

«Il s'agit ici d'une sorte de contre-signature. De la signature de l'*autre*, votre conjoint momentané.

«A la signature (toujours la même) de l'artiste, vient s'ajouter, combien plus volumineuse, grandiose et passionnée (et chaque fois différente), celle imposée par l'émotion née à la rencontre de l'objet et qui fut la cause occasionnelle de l'œuvre, qu'on peut, alors, abandonner, à tous risques : cela ne nous regarde plus.»

C'est donc dans la contresignature qu'une signature est proprement enlevée. Et c'est dans l'instant où elle s'enlève ainsi qu'*il y a du texte*. On ne sait plus alors qui, des deux partenaires, aura signé le premier. «A tort ou à raison, et je ne sais pourquoi, j'ai toujours considéré, depuis mon enfance, que les seuls textes valables étaient ceux qui pourraient être inscrits dans la pierre; les seuls textes que je puisse dignement accepter de signer (ou contresigner), ceux qui pourraient *ne pas* être signés du tout; ceux qui *tiendraient* encore comme des objets de la nature : en plein air, au soleil, sous la pluie, dans le vent. C'est exactement le propre des inscriptions. [. . .] En somme, *j'approuve la Nature [. . .] Je contresigne l'œuvre du Temps*» (*Pour un Malherbe*).

I approve of Nature, he says. For Nature, contrary to appearances, is in need of approval. It needs me to sign with a *yes, seen, lived, read, and approved,* to redouble its affirmation with my own, to approve it and prove it by declaring it in the right. The double, reciprocal sign of recognition without debt: the di-simul of signatures. My signature ought to approve and give proof. A wedding ring of redoubled affirmation, such is the seal—yes, yes—not of the superman of Zarathustra but of the resolute man in the style of Ponge. "When Nature is at work, she doesn't give a damn about our approval. Or so it seems to us. [. . .] that doesn't stand up to reflection . . ." (*Lyres*).

Not only is the nominal signature therefore necessary, nor only the signature arising from the emotion in the encounter, but also the signature of the thing itself, in other words of an other thing.

As an autographed signature, the thing disappears as an absolute and unnameable referent in the very process of presenting itself as other, remaining what it had to be. If I say that the whole process of the placement in abyss consists in a triumph of the countersignature, it is not for the purpose of explaining the one in terms of the other, supposing we really know what goes on in a placement in abyss. On the contrary, it is to pose the possibility that every placement in abyss carries in it some economy of the countersignature. The signature is the placement in abyss (of the proper) itself: exappropriation.

To interest the thing in the seal, to seduce it to the very paraph, and to steal its signature, one has to read the thing, in other words to sing it and constitute it in an idiomatic grammar, in a new writing. Here, with his bird, an example to start with, *THE SWALLOWS or in the style of swallows,* a first flight (and theft) of the signature (how do you steal a signature? we were asking): "Every swallow unceasingly throws itself—unerringly exerts itself—in the act of signing the heavens, according to its species.

"Steel-tipped quill, dipped in blue-black ink, you write yourself fast!
"If no trace remains . . ."

The reflexive *t'* (yourself) turned back on itself, self-referenced, clearly indicates that it has to do with a signing script, and yet the reference has flown away in this aerial traffic, in this graphic putting of the thing into orbit. "Each one, impetuously flung into space, spends

J'approuve la Nature, dit-il. Car la Nature, contrairement aux apparences, a besoin d'être approuvée. Elle a besoin que je signe d'un *oui, vu, vécu, lu et approuvé,* que je redouble son affirmation de la mienne, que je l'approuve et la prouve en lui donnant raison. Le double et réciproque signe de reconnaissance sans dette : di-simul des signatures. Ma signature doit approuver et faire preuve. Anneau nuptial de l'affirmation redoublée, voilà le sceau — oui, oui — non pas du surhomme de Zarathoustra mais de l'homme résolu à la Ponge. «La Nature quand elle travaille, se moque éperdument de notre approbation. Du moins, c'est ce qu'il nous semble. [. . .] cela ne résiste pas à la réflexion . . .» (*Lyres*).

Ne faut donc pas seulement la signature nominale ni seulement celle de l'émotion née à la rencontre, faut la signature de la chose même, c'est-à-dire d'autre chose.

Signature autographe, la chose disparaît comme référent absolu et innommable tout en se présentant comme autre, en restant ce qu'elle avait à être. Si je dis que tout le procès de la mise en abîme consiste en un triomphe de contresignature, ce n'est pas pour expliquer ceci par cela, en supposant savoir de quoi il retourne dans une mise en abîme. Au contraire, pour donner à imaginer que toute mise en abîme comporte quelque économie de contresignature. La signature est mise en abîme (du propre) elle-même : exappropriation.

Pour intéresser la chose au seing, pour la séduire jusqu'au paraphe, et lui voler sa signature, il faut la lire, c'est-à-dire la chanter et la constituer en grammaire idiomatique, en écriture nouvelle. Voici, avec son oiseau et par exemple, d'abord, LES HIRONDELLES *ou dans le style des hirondelles,* un premier vol de signature (comment vole-t-on une signature, demandions-nous?) : «Chaque hirondelle inlassablement se précipite — infailliblement elle s'exerce — à la signature, selon son espèce, des cieux.

«Plume acérée, trempée dans l'encre bleue-noire, tu *t*'écris vite!

«Si trace n'en demeure . . .»

Le *t*' (apostrophe) réfléchi, retourné vers lui-même, sui-référencié, marque bien qu'il s'agit d'une écriture signante, et pourtant la référence s'est envolée dans ce trafic aérien, dans cette mise en orbite graphique de la chose. «Chacune, à corps perdu lancée parmi l'espace, passe à

the better part of its time signing space. [. . .] They depart from us and do not depart from us: no illusion!"

But it is when they depart from us that they go away without coming back, and when they do not depart from us that they remain the most closely attached. Everything is played out between these two values of the *from* and the Latin *de* of departure.

There is also the signature of the phallic bird that counterfeits the *signatura rerum* of Christian theology:

"The perfect bird would evolve with grace . . . it would descend from the sky to carry to us, through the operation of the Holy Ghost, to be sure, in orbits as graceful as certain paraphs, the signature of the Lord, good and pleased with his work and his creatures. Ask Claudel for the meaning of the dove of the Holy Ghost. Are there other birds in the Christian religion, or in religions in general? [. . .] On occasion, I have also had the idea of making the bird speak—I ought to take note of this—and of describing it in the first person. I should take on this assignment, try it out sometime" (*Notes taken for a bird*).

And so he does, giving rise, in the *New notes for my bird*, for example, to the following:

"*Myself* on the album of the skies the line I trace
Long holds before fading the attention of
The eye uneasy at losing me in the tracery of clouds . . .
[. . .]
We're gliders too with a muscled motor,
Rubber bands twisted a special way
Ourselves our own catapults."

Signature of a wasp: "One day there will certainly be some critic or other sufficiently penetrating TO REPROACH me for this *irruption*, into literature, by my wasp, in a manner at once *importunate, irritating, mettlesome*, and *trifling*, TO DENOUNCE the staccato look of these notes, their *disordered* pretension, in *zigzags*, TO BE DISTRESSED by the taste that they reveal for *brilliant discontinuity*, for *piquancy* without depth although not without danger, not without *venom in the tail*—finally TO CALL my work superbly ALL THE NAMES it deserves."

The wasp is not alone in writing *I am a wasp* (and nothing else), even as it signs in the place of the other, nonetheless autographically.

signer l'espace, le plus clair de son temps. [. . .] Elles partent de nous, et ne partent pas de nous : pas d'illusion!»

Mais c'est quand elles partent *de* nous qu'elles nous quittent sans retour, et quand elles ne partent pas *de* nous qu'elles nous restent le mieux attachées. Tout se joue entre ces deux valeurs du *de* ou du *dé* latin de départ.

Signature encore de l'oiseau phallique qui contrefait la *signatura rerum* de la théologie chrétienne :

«L'oiseau parfait évoluerait avec une grâce . . . il descendrait nous apporter du ciel, par l'opération du Saint-Esprit bien entendu, en des orbes gracieux comme certains paraphes, la signature du Dieu bon et satisfait de son œuvre et de ses créatures. Demander à Claudel quelle est la signification de la colombe du Saint-Esprit. Y a-t-il d'autres oiseaux dans la religion chrétienne, et en général dans les religions? [. . .] J'ai eu aussi l'idée à plusieurs reprises — il faut que je la note — de faire parler l'oiseau, de le décrire à la première personne. Il faudra que j'essaie cette issue, que je tâte de ce procédé.» (*Notes prises pour un oiseau*).

Il le fait, ce qui donne, dans les *Nouvelles notes pour mon oiseau,* par exemple ceci :

«*Moi* sur l'album des cieux la ligne que je trace
Tient longtemps attentif avant qu'elle s'efface
L'œil inquiet de me perdre au guillochis des nues . . .
[. . .]
Nous somm'aussi planeurs à moteur musculé,
Elastiques tordus d'une façon spéciale
Et sommes à nous-mêmes nos propres catapultes.»

Signature de guêpe : «Il se trouvera bien quelque critique un jour ou l'autre assez pénétrant pour me REPROCHER cette *irruption* dans la littérature de ma guêpe de façon *importune, agaçante, fougueuse* et *musarde* à la fois, pour DÉNONCER l'allure *saccadée* de ces notes, leur prétention *désordonnée,* en *zigzags,* pour S'INQUIÉTER du goût du *brillant discontinu,* du *piquant* sans profondeur mais non sans danger, non sans *venin dans la queue* qu'elles révèlent — enfin pour TRAITER superbement mon œuvre DE TOUS LES NOMS qu'elle mérite.»

La guêpe n'est pas la seule à écrire *je suis guêpe* (et rien d'autre) tout en signant à la place de l'autre, autographiquement néanmoins.

Le poirier aussi : «Il me semble évident (quoi, j'étais donc aveugle!) que leur «écriture» nouée, la *forme* de leurs troncs, branches et ramettes

The pear tree as well: "It strikes me as evident (what, then I was blind!) that their knotted 'writing,' the *form* of their trunks, branches, and boughs is the consequence of the severe, rigorous, and successive amputations to which they have been subjected (their frequent *prunings*). They have been rigorously pruned, erased. There is a certain relation between an amputation, *erasure* and stumps, and *then* between stumps and great fruits (great pears). [. . .] For in pruning something, one automatically confirms what remains.

"This kind of style (like that of pear trees) becomes strongly *written* (far more written than spoken) (cf. Mallarmé)" (*The fore-spring*).

The Seine as well, which forms a signing coitus between two writings. It calculates its justification and its margins, its banks and borders: "And since we are involved with the Seine as well as with a book about it, a book which it ought to become, Let's go!

"Let's go, and together let's blend, all over again, those notions of river and book! Let's see how to make them penetrate one another!

"Let's confound, confound without shame, the Seine and the book which it ought to become!"

Mimosa as well, with a sun in abyss: "As in tamarisk there is tamis, so in mimosa there is mima. [. . .] I must therefore give thanks to mimosa. And since I write, it would be inadmissible if there were no writing on mimosa by me. [. . .] This entire preamble, which could be pursued at even greater length, ought to be entitled: 'Mimosa and me.' But now—sweet illusion!—it is mimosa itself that one must reach; mimosa, if you will, without me. [. . .] What makes my job so hard, perhaps, is the fact that the name of mimosa is already perfect. Knowing the bush as well as the name of mimosa, it becomes difficult to find a better definition of the thing than this very name. [. . .] Carrying mimosa is almost like carrying (surprise!) the sun itself. [. . .] Every branch of mimosa is a perch for small, bearable suns . . ."

Mimosa (like *every* thing, the wasp, the Seine, the pear tree, the sun, "*et cetera,*" and other things) is the *other,* the other thing: "without me," the thing *and* me supposing that I enter into this relation with the other which has no relation to me, whence the dissymmetry and indebtedness without contract ("I must therefore give thanks to mimosa"). The cancellation of the debt will be the "sweet illusion." Believing that one can

est la conséquence des sévères, rigoureuses amputations successives auxquelles ils sont soumis (de leurs *tailles* fréquentes). Ils ont été rigoureusement taillés, raturés. Il y a rapport certain d'amputation, de *rature,* à moignons, *puis* de moignons à gros fruits (grosses poires). [. . .] Car taillant quelque chose, on confirme automatiquement ce qui reste.

«Ce genre de style (comme celui des poiriers) fait fort *écrit* (beaucoup plus écrit que parlé) (cf. Mallarmé).» (*L'avant-printemps*).

La Seine aussi, qui forme un coit signant entre deux écritures. Elle calcule sa justification et ses marges, ses rives et ses bords : «Et puisqu'il s'agit de la Seine et d'un livre à en faire, d'un livre qu'elle doit devenir, allons!

«Allons, pétrissons à nouveau ensemble ces notions de fleuve et de livre! Voyons comment les faire pénétrer l'une en l'autre!

«Confondons, confondons sans vergogne la Seine et le livre qu'elle doit devenir!»

Le mimosa aussi, avec un soleil en abîme : «Comme dans tamaris il y a tamis, dans mimosa il y a mima. [. . .] Il faut donc que je remercie le mimosa. Et puisque j'écris, il serait inadmissible qu'il n'y ait pas de moi un écrit sur le mimosa. [. . .] Tout ce préambule, qui pourrait être encore longuement poursuivi, devrait être intitulé : «Le mimosa et moi.» Mais c'est au mimosa lui-même — douce illusion! — qu'il faut maintenant en venir; si l'on veut, au mimosa sans moi. [. . .] Peut-être, ce qui rend si difficile mon travail, est-ce que le nom du mimosa est déjà parfait. Connaissant et l'arbuste et le nom du mimosa, il devient difficile de trouver mieux pour définir la chose que ce nom même. [. . .] Quand on apporte du mimosa, c'est presque comme si l'on apportait (une surprise!) le soleil lui-même. [. . .] Chaque branche de mimosa est un perchoir à petits soleils tolérables . . .»

Le mimosa (comme *toute* chose, la guêpe, la Seine, le poirier, le soleil, «*et cætera,*» et les autres choses) est l'*autre,* l'autre chose : «sans moi», la chose *et* moi supposant que j'entre dans ce rapport avec l'autre qui est sans rapport avec moi, d'où la dissymétrie et l'endettement sans contrat («il faut donc que je remercie le mimosa»). L'acquittement de la dette sera la «douce illusion». En croyant passer de l'autre côté, pour en venir à l'autre, on tentera de se l'approprier, en le laissant ce qu'il est, de

pass to the other side, so as to reach the other, one will attempt to appropriate the other to oneself, while leaving it as it is, and to let it sign for itself while signing in its place, in its name, out of its proper place—and by countersigning.

The "sweet illusion" of mimosa without me denounces this mimetic quasi-hallucination, one which constitutes the writing of the thing and in the name of the thing. This operation of mimesis is yet another chance for mimosa, for its very name and genealogy ("difficult to find a better definition for the thing than this very name"). The thing is *mimesis,* it is inscribed in the etymon. Ponge cites it: "*Mimosa* [. . .] Etymology: see mimo-. *Mimo-:* said of plants which contract when touched. Mimic plants. Etym.: from *mimus,* because those plants, when contracting, seem to represent the grimaces of a mime."

The placement in writing of the thing leaves the other (thing) intact, impassive, transcendant, entirely other, beyond the reach of any writing.

The thing parts from (and with) its signature.

The signature is in the departure, and the countersignature.

Each signature, like each thing, is unique. But *analogy* begins in this very irreplaceability. Here, in the name of analogy, is the signature of the shrimp, the duties that we have toward it, hence its rights, its right to honors, but also its arbitrary character, indeed the indifference, precisely, of its characters, of its written characters, its "ideograms": ". . . it sometimes happens that a man whose sight is troubled by fever, hunger, or mere fatigue, undergoes a passing and doubtless benign hallucination: in lively, jerky, successive, retrograde leaps, followed by lengthy rebounds, he perceives, from one end to the other of his visual field, some small signs, stirring in a special way, little noticed, translucent, rod-like, in the form of commas, and perhaps of other punctuation marks, which, though not in any way hiding the world from him, somehow obliterate it, displacing themselves upon it in a superimposition, prompting an urge at last to rub his eyes, so as to rejoice, when evicting them, in a neater vision.

"Now, in the world of external representations, there is sometimes produced an analogous phenomenon: the shrimp, in the breast of the waves where it lives, does not leap up in a different manner, and like the

le laisser signer lui-même en signant à sa place, en son nom, depuis son propre lieu — et en contresignant.

La «douce illusion» du mimosa sans moi dénonce cette quasi-hallucination mimétique, celle qui fait écriture de la chose et au nom de la chose. Cette opération de la mimesis, c'est encore une chance du mimosa, de son nom même et de sa généalogie («difficile de trouver mieux pour définir la chose que ce nom même»). La chose, c'est la mimésis, elle est inscrite dans l'étymon. Ponge le cite : «*Mimosa* [. . .] Etymologie : voir mimeux. *Mimeux* : se dit des plantes qui, lorsqu'on les touche, se contractent. Les plantes mimeuses. Etym. : de *mimus,* parce qu'en se contractant ces plantes semblent représenter les grimaces d'un mime.»

La mise en écriture de la chose laisse l'autre (chose) intacte, impassible, transcendante, toute autre, hors d'atteinte pour toute écriture.

La chose part de sa signature.

La signature est au départ, et la contresignature.

Chaque signature, comme chaque chose, est unique. Mais dans cette irremplaçabilité même *l'analogie* commence. Au titre de l'analogie, voici la signature de la crevette, les devoirs que nous avons envers elle, ses droits donc, son droit aux honneurs, et pourtant le caractère arbitraire, voire l'indifférence de ses caractères précisément, ses caractères d'écriture, ses «idéogrammes» : «. . . parfois il arrive qu'un homme à la vue troublée par la fièvre, la faim ou simplement la fatigue, subisse une passagère et sans doute bénigne hallucination : par bonds vifs, saccadés, successifs, rétrogrades suivis de longs retours, il aperçoit d'un endroit à l'autre de l'étendue de sa vision remuer d'une façon particulière une sorte de petits signes, assez peu marqués, translucides, à formes de bâtonnets, de virgules, peut-être d'autres signes de ponctuation, qui, sans lui cacher du tout le monde l'oblitèrent en quelque façon, s'y déplacent en surimpression, enfin donnent envie de s'y frotter les yeux afin de re-jouir par leur éviction d'une vision plus nette.

«Or, dans le monde des représentations extérieures, parfois un phénomène analogue se produit : la crevette, au sein des flots qu'elle habite, ne bondit pas d'une façon différente, et comme les taches dont je parlais. . . .» La crevette ressemble donc à une écriture, à des signes de ponctuation, d'impression et de surimpression, à un jeu de lettres et

spots that I was talking about. . . ." The shrimp therefore resembles writing, punctuation marks, signs of impression and superimpression, a play of letters and obliterations in the perceptual field. It is indeed a superimprinted impression that Ponge describes, and that he leaves to be superinscribed in its turn. Analogy itself is the space of this super-impression, just as water is the element of the shrimp—an element, as he will say further on, "hard to distinguish from ink." And this is also the reason why we *must* do *right* by this writing of re-mark and super-impression, by writing and signing it, by superimprinting a writing upon it in our turn. The shrimp has rights, we have duties, we have to honor the forms of the other as we have to honor a debt: "If the extreme inner complication which animates them now and then ought not to keep us from *honoring* the most *characteristic* forms, with a *stylization* to which they have a *right,* to *treat* them if necessary, then, with indifferent *ideograms* [. . . .] What, moreover, could add more interest to a form than the *remarking* of its *reproduction* and *dissemination* by nature in *millions of copies* everywhere at the same time, in *fresh* and copious waters during good weather as well as bad?" (My emphasis—J.D.)

The signature of the sun, finally. This would be more difficult, be-cause the thing in this case remains unique, a unique "copy," an irre-placeable referent. A sole sun, a single signer. Or so, in any case, it seems: a referent without a possible substitute, without reproduction and without dissemination, without analog; as an absolute referent which is therefore outside of language, it seems not to let itself be suspended in its name, thereby escaping any placement in the text, any superimprinting remark, any placement in abyss as well. In this way it already resembles the absolute signer. Suffering no representative sub-stitution, it is not in any case reduced to its autograph. And, according to the ancient philosopheme, the sun, the source and condition of any visible or nameable object, does not belong, by virtue of its transcen-dental position (*epekeina tes ousias*), to the system it renders possible. One should not be able to put it into the abyss because it is the abyss: "The MOST BRILLIANT of the world's objects—through this fact—is not—NO—*is not* an object; it is a hole, the metaphysical abyss; the formal and metaphysical condition of the whole world. The condition of all other objects. The very condition of a regard."

One should therefore not be able to set the sun down in order to

d'oblitérations dans le champ de la perception. C'est bien une impression surimprimée que décrit Ponge, et qu'il laisse à son tour s'inscrire. L'analogie elle-même est l'espace de cette surimpression, de même que l'eau est l'élément de la crevette, élément qui, dira-t-il plus bas, «se distingue mal de l'encre». Et c'est aussi pourquoi nous *devons* faire *droit* à cette écriture de re-marque et de surimpression en l'écrivant et en la signant, en y surimprimant à notre tour une écriture. La crevette a des droits, nous avons des devoirs, nous devons honorer les formes de l'autre comme nous devons honorer une dette : «Si l'extrême complication intérieure qui les anime parfois ne doit pas nous empêcher d'*honorer* les formes les plus *caractéristiques,* d'une *stylisation* à laquelle elles ont *droit,* pour les *traiter* au besoin ensuite en *idéogrammes* indifférents [. . .] Qu'est-ce qui peut d'ailleurs ajouter plus d'intérêt à une forme, que la *remarque* de sa *reproduct*ion et *disséminat*ion par la nature à des *millions d'exemplaires* à la même heure partout, dans les eaux *fraîches* et copieuses du beau comme du mauvais temps?» (Je souligne — J.D.)

La signature du soleil enfin. Ce serait la plus difficile car la chose dans ce cas reste unique, unique «exemplaire» et référent irremplaçable. Un seul soleil, un seul signataire. Tel en tous cas il apparaît : référent sans substitut possible, sans reproduction et sans dissémination, sans analogue; référent absolu et donc hors langage, il semble ne pas se laisser suspendre dans son nom, échappant ainsi à toute mise en texte, à toute remarque surimprimante, à toute mise en abyme aussi. Par là il ressemble déjà au signataire absolu. Ne souffrant aucune substitution représentative, il ne se réduit en aucun cas à son autographe. Et puis, si nous rappelons l'antique philosophème, le soleil, source et condition de tout objet visible ou nommable, n'appartient plus, par position transcendantale (*epekeina tes ousias*), au système qu'il rend possible. On ne devrait pas pouvoir le mettre en abyme parce qu'il est l'abîme : «Le PLUS BRILLANT des objets du monde n'est — de ce fait — NON — *n'est pas* un objet; c'est un trou, c'est l'abîme métaphysique : la condition formelle et indispensable de tout au monde. La condition de tous les autres objets. La condition même du regard.»

On ne devrait donc pas pouvoir coucher le soleil pour le soumettre à signature. On devrait ne pas pouvoir faire signer, mettre en page ou en abyme quelque chose comme un soleil, telle chose qui n'est plus un objet, pas même un objeu.

subject it to a signature. One should not be able to make it sign, to set down on a page or in an abyss some thing like a sun, some thing which is no longer an object, not even an objest.

A sun? *The* sun?

This miniscule operation, this play of the article, will have managed to put the sun into our bed, and the abyss into an abyss. By means of language, an articulation will have made an example of the sun, of *a* sun the example of *the* sun. It will doubtless be necessary, due to the excellence of this non-object, "the nearest and most tyrannical," "to invent a new genre," beyond any philosophy or any poetics. It will be necessary, perhaps, to initiate the objest with this impossible subject. Such an initiation can only be attempted from an impossible place.

In the midst of an orgastic struggle, and of a struggle to the death, the uniqueness of the all-powerful referent is reduced to its diminutive being, due in particular to the chance of the French language, where it derives from *soliculus*. It is also reduced to its dissemination (*like* the shrimp); there are "myriads of other suns," and this one is "only one among the suns."

Once the tyrant has been dethroned, his unique and proper name becomes a common one. The law reveals itself as prostitution. On the next page, on its back, after he has signed and apposed the seal, set the seals onto nature—leaded seals, a sun of lead ("seals are set to nature by the sun")—the placement into an abyssal title begins. One knows this immortal page by heart—merely to cite these several traits is derisory. "Immortal" is an old word and I have never used it; it names an unbelievable thing, the thing that ought not to die. It states the impossible in the deadest of codes. However, let's say that I would still want to use it, in order to say, or rather to give, something to that page and its signer. Has anyone remarked that the sun sets on this page, which is just one page among so many others, in the very moment and place of a signature, in the corner opposite the title, "toward the lower right-hand corner of the page," when "Darkness gathers rapidly at last upon the text, which ceases soon to be legible?"

After he had signed the illegible, as they say, after the orgy of the baroque night which ensues, the sun (this is what tells more than ever about the origin of literature, which begins precisely here), the sun

Un soleil? *Le* soleil?

Cette minuscule articulation, ce jeu de l'article saura mettre le soleil dans notre lit, et l'abîme en abyme. Par le langage une articulation aura fait du soleil un exemple, d'*un* soleil l'exemple *du* soleil. Sans doute pour l'excellence de ce non-objet, «le plus proche et le plus tyrannique», faudra-t-il, au-delà de toutes les philosophies et de toutes les poétiques, «inventer un genre nouveau». Peut-être faudra-t-il, depuis ce sujet impossible, initier à l'objeu. Telle initiation ne peut se tenter que depuis le lieu impossible.

Au cours d'une lutte orgastique, et d'une lutte à mort, l'unicité du référent tout-puissant se réduit à son être diminutif, en particulier grâce à la chance du français, dans la descendance de *soliculus*. Il se réduit aussi à sa dissémination (*comme* la crevette) : il y a les «myriades d'autres soleils», celui-ce est «l'un seulement des soleils».

Le tyran détrôné, son nom unique et propre devient nom commun. La loi se révèle prostitution. Après qu'il a signé, apposé le sceau, mis les scellés sur la nature, scellés plombés, soleil de plomb («scellés par le soleil sont mis sur la nature»), à la page suivante, au dos commence la mise en titre abyssale. On connaît par cœur cette page immortelle — il est dérisoire de n'en citer que ces quelques traits. «Immortelle» est un vieux mot dont je ne me suis jamais servi, il nomme une chose incroyable, ce qui devrait ne pas mourir. Dans le code le plus mort il dit l'impossible. Eh bien, disons que j'aie encore envie de m'en servir pour dire, plutôt pour donner quelque chose à cette page et à (ce) qui la signe. Cette page, l'une seulement parmi tant d'autres, a-t-on remarqué que le soleil y sombre au moment et à la place de la signature, à l'angle opposé du titre, «vers l'angle inférieur droit de la page», quand «Rapidement alors l'ombre gagne le texte, qui cesse bientôt d'être lisible»?

Après qu'il eut signé illisible, comme on dit, après l'orgie de la nuit baroque qui s'ensuit, le soleil (voilà qui en dit plus long que jamais sur l'origine de la littérature qui commence exactement ici), apparaît «se levant sur la littérature». Père et mère, l'«aïeul prodigue», le «Semeur» («Semeur? Je dirais plutôt autre chose . . .»), la chose même, l'autre à l'origine de toute filiation patronymique, il l'appelle, tutoie, à la deuxième, enfin, personne d'un étrange singulier :

appears "rising on literature." Father and mother, the "prodigal elder," the "Sower" ("Sower? I would rather say something else . . ."), the very thing, the other thing at the origin of every patronymic filiation, he calls it, familiarly, in the second, finally, person of a strange singular:

"Madness, now, around noon.

"Oh sun, monstruous love, ruddy whore! Holding your hair-raising head in my left arm, when stretched out at your side throughout the whole length of the long thigh of this afternoon, then it is, while finding, in the convulsions of dusk, among the upside-down sheets of reciprocity, the humid doors of your center open at last, that I shall insert my fountain pen, drowning you from the right side with my opaline ink.

"The sun had entered the mirror. The truth was no longer seen there. Suddenly blinded and promptly cooked, coagulated like an egg."

X X X

You will have concluded (I did it to have it remarked upon) that I have spoken too much and too long to say nothing at all.

Neither about Francis Ponge himself, except for his name (with which—and on account of which—I took sides, my own, of course, the better to make its renown and renaming resound) nor about his work itself.

I leave it for others to take that risk. As for myself, I will only be able to do it by speaking on something else at another time.

About Francis Ponge himself and about his work I have therefore said nothing, in order to consider only this colossal erection, already in process but also still to come, of a TABLE. A table "written in sympathetic ink," a "tabula rasa" (of values, of the Law and of sexual difference, a thing of father and mother at once):
"The table, which goes on all fours or, rather, does not go should certainly be in the feminine gender, since it has something about it of the mother bearing (on all fours) the body of the writer (the upper or lower part of the body) [. . .] a table acquired or fabricated by his fathers, the son is delivered of his, its, their works", a "horizontal," "vertical," and "oblique" table (". . . it has to do with a movement, a tendency, to quit the vertical for the horizontal").

«Et maintenant, c'est le délire, autour de midi.

«Ô Soleil, monstrueuse amie, putain rousse! Tenant ta tête horripilante dans mon bras gauche, c'est allongé contre toi, tout au long de la longue cuisse de cet après-midi, que dans les convulsions du crépuscule, parmi les draps sens dessus-dessous de la réciprocité trouvant enfin dès longtemps ouvertes les portes humides de ton centre, j'y enfoncerai mon porte-plume et t'inonderai de mon encre opaline par le côté droit.

«*Le soleil était entré dans le miroir. La vérité ne s'y vit plus. Aussitôt éblouie et bientôt cuite, coagulée comme un œuf.*»

X X X

On aura conclu — je l'ai fait afin qu'il soit remarqué — que j'ai parlé trop longtemps pour ne rien dire.

Ni de Francis Ponge lui-même, fors son nom (dont, et compte tenu duquel, j'ai pris le parti, mon parti bien entendu, pour faire chanter sa renommée), ni de son œuvre elle-même.

Je laisse d'autres s'y risquer. Pour moi je ne pourrai le faire qu'à parler d'autre chose une autre fois.

De Francis Ponge ni de son œuvre je n'ai donc rien dit, pour considérer seulement cette érection colossale, en cours déjà mais aussi à venir d'une TABLE. Table «écrite à l'encre sympathique», «table rase» (des valeurs, de la Loi et de la différence sexuelle, chose de père et mère à la fois) :

«La table, qui marche à quatre pattes   ou plutôt qui ne marche pas c'est bien qu'elle soit du féminin, car elle a quelque chose de la mère portant (à quatre pattes) le corps de l'écrivain (le haut ou le bas du corps) [. . .] table acquise ou fabriquée par ses pères le fils est accouché de ses œuvres», table «horizontale», «verticale» et «oblique» («. . . il s'agit d' . . . un mouvement, d'une tendance, à quitter la verticalité pour l'horizontalité?»)

On aurait pu recommencer, sur cette chose, encore singulière et toute autre, la même démonstration, la dernière sans doute :

«La table, il ne me reste que la table à écrire pour en finir absolument.

One would have been able to begin again, on this thing, still singular and entirely other, the same demonstration, no doubt the last:

"The table, only the table remains for me to write in order to finish up absolutely.

X

"The table (of the writing desk: table or tablet), which has permitted me to write my work, remains (very difficult to write) the thing remaining for me to write in order to finish up."

"(. . .) Table, you become urgent to me [. . .]

"But it is difficult for me to put you into an abyss, because I cannot dispense with your support.

[. . .]

"Therefore I cannot put you into an abyss, I cannot sketch you, I can only *stare you down* (strip your surface), imprint upon you a rhythm with my stylet. Make you into a harmonic table."

Like the sun (the condition of possibility for objects and writing), the table is a mistress ("The mistress Table") or a whore that one cannot put into an abyss but which, nonetheless, one puts, in abyss, into one's bed. And "*the horizontality* of every table" agrees "with this notion," "even more so than with the notion *of a bed*."

Having said nothing about him or his work, I have only recalled the formal and indispensable condition, which is ours today, by which we would have the right to speak of something like the-work-of-Francis-Ponge, unique in being and bearing that name.

What price we will have to, he will have had to, pay to engage and to praise his name, and to tabulate and reckon with him who has, within, always signed already.

146

«La table (de l'écritoire : table ou tablette), qui m'a permis d'écrire mon œuvre, reste (très difficile à écrire) ce qui me reste à écrire pour en finir.»

«(. . .) Table, tu me deviens urgente [. . .]

«Mais il m'est difficile de te placer en abîme puisque je ne puis me dispenser de ton appui.

[. . .]

«Je ne puis donc te placer en abîme, je ne puis t'ébaucher, je ne puis que te *dévisager* (déchirer ta surface) de mon stylet t'imprimer un rythme. Faire de toi une table d'harmonie.»

Comme le soleil (condition de possibilité des objets et de l'écriture), la table est une maîtresse («La Table maîtresse») ou une putain qu'on ne peut mettre en abîme et que pourtant on met, en abîme, dans son lit. Et «*l'horizontalité* de toute table» convient «à cette notion» «plus encore qu'à la notion *de lit*».

J'ai seulement, n'ayant rien dit de lui ni de son œuvre, rappelé à quelle condition, la nôtre aujourd'hui, formelle et indispensable, nous aurions le droit de parler de quelque chose comme l'œuvre-de-Francis-Ponge, l'unique à être et à porter ce nom.

Quel prix il nous faudra, il lui aura fallu, payer pour louer son nom et tabler sur lui qui a, au-dedans, toujours signé déjà.

Afterpiece (Proofs)

We have now landed past the right corner, at the foot of the page, and situated a signature.

I must tell you another story, there is room to do so here, the other version and the other time or tense of this text.

Of its title, in any case, although it's not certain that anything is at play there except signsponge.

I am inscribing this true story in epilogue, having become conscious of it only after the fact itself. It would be better said that I only became consciously aware of it (for I must have recognized it unconsciously) after having totally finished with the typing of what I just said—and also having arranged it in the file.

Two days later, then, on my table where it rested, I was leafing once again through that copy of the New Collection *that Francis Ponge had brought me himself, when we were dining with Yves and Paula Thévenin one evening. It was January 5, 1968 (the dedication is dated), and the book was wrapped in brown paper.*

Leafing through the book, not even knowing what I was looking for, or maybe not looking for anything, I then remark the paper bound around the book. This sort of publicity flier was folded in two, and I had kept it as a sort of signet.

I was well acquainted with that band, having admired, not long before, and in jubilation, its high-flying game—even though, as they say, I had forgotten it, or ought to have forgotten it.

What does the band say? The following:

BOUND
TO TAKE OFF

The letters are white, *and the background* red.

It's a bit as if the thing itself were designating itself. A bit as if one read the title BOOK on a book, PICTURE as a title incorporated in a picture. Think too of the name "NAME": if you read it all by itself on a desert background, white or red, you would be able to think that it refers to itself: I am a name, "name" is a name.

The thing here names itself: I am-BOUND.

148

Après Coup (Les Preuves)

Nous avons maintenant franchi l'angle de droite, au bas de la page, et situé une signature.

Je dois vous raconter, il y a lieu de le faire ici, une autre histoire, l'autre version et l'autre temps de ce texte.

De son titre en tous cas mais il n'est pas sûr que s'y joue autre chose que signéponge.

Je l'inscris en épilogue, cette histoire vraie, car je n'en ai pris connaissance qu'après coup. Il vaudrait mieux dire que je n'en ai pris conscience (car je devais la connaître sans en avoir conscience) que deux jours après avoir totalement fini de dactylographier ce que je viens de dire — et je l'avais même rangé.

Deux jours après, donc, je feuilletais encore, sur ma table où il était resté, cet exemplaire du Nouveau Recueil *que Francis Ponge m'avait apporté lui-même, un soir où nous dînions chez Yves et Paula Thévenin. C'était le 5 janvier 1968, la dédicace en est datée, le livre était enveloppé dans du papier d'emballage marron.*

En feuilletant le livre, sans même savoir ce que j'y cherchais ou peut-être sans rien y chercher, je remarque alors la bande du livre. Cette sorte d'affiche publicitaire était pliée en deux entre les pages et je l'avais gardée comme une sorte de signet.

Cette bande, je la connaissais bien pour en avoir naguère admiré, dans la jubilation, le jeu de haut vol — mais, comme on dit, je l'avais oubliée, j'avais dû l'oublier.

Que dit la bande? Ceci :

BANDE
A FAIRE SAUTER

Les lettres sont blanches, *et le fond* rouge.

C'est un peu comme si la chose se désignait elle-même. Un peu comme si on lisait le titre LIVRE sur un livre, TABLEAU comme titre incorporé dans un tableau. Pensez aussi au nom «NOM» : si vous le lisiez tout seul sur le fond d'un désert, blanc ou rouge, vous pourriez penser qu'il se réfère à lui-même : je suis un nom, «nom» est un nom.

On the undetermined background of this red desert, you, reader, are free to hear in bound *a noun or a verb. And to place the injunction of a double-bind wherever you may, going, or not, to extremes. Is it a matter of taking off the* bound, *so as to read the book that it still keeps closed? Then this would be an indirect order and advice, a form of usage: buy the book, and take off the* bound. *Does it, on the contrary, and passing from the noun to the verb, have to do with an imperative, an imperious "You are* bound, *even, to take off?" To take off what? or who? It's for you to decide, but this can be done by reading.*

But what I was certain of reading, consciously, for the first time, on that afternoon of July 23, are these two words, in smaller, black *characters, in the corner, at the foot and on the right:*

BOUND
TO TAKE OFF
signed: Ponge.

How can one cite a signature?

Everything will have been signed, already, even the bound(ary), *on the interior and on the exterior. The signature spreads over everything, but is stripped off or makes itself take off by saying about it, "bound"!*

Written in all good faith on July 23, 1975, at 5:30 PM.

J.D.

Afterpiece (II)

I had thus decided to deliver you that confidence and these documents. To do so, wouldn't it be better to multiply the band in photocopies available for each of you? I therefore went to the photocopy service (at the institution of learning to which, as it were, I belong) and proceeded with the operation myself.

Well, you can imagine what happened; that magic writing pad of modernity does not reproduce colors. "Black and white" is the only opposition at its disposal. The white of the band will not have suffered, it worked out well; as

Le chose ici se nomme : je suis-BANDE.

Sur le fond indéterminé de ce désert rouge, libre à toi, lecteur, d'entendre en bande un nom ou un verbe. Et de placer l'injonction de double bande où tu pourras, allant ou non jusqu'à l'extrême. S'agit-il de faire sauter la bande pour lire le livre qu'elle tient encore fermé? Ce serait alors un ordre indirect et un conseil, un mode d'emploi : achetez le livre et faites sauter la bande. S'agit-il au contraire, passant du nom au verbe, d'un impératif, d'un impérieux «Bande, toi, jusqu'à faire sauter»? A faire sauter quoi? ou qui? à vous de décider mais cela peut se faire en lisant.

Mais ce que j'ai eu la certitude, en conscience, de lire pour la première fois, cet après-midi du 23 juillet, ce sont ces deux mots, en caractères plus petits et noirs, dans l'angle, en bas et à droite :

B A N D E
A FAIRE SAUTER
signé : Ponge.

Comment peut-on citer une signature?
Tout aura été signé, déjà, (à) même la bande, à l'intérieur et à l'extérieur. La signature s'empare de tout mais se déchire ou se fait sauter en parlant d'elle, «bande»!

Ecrit en toute bonne foi le 23 juillet
1975, à 17h30.

J.D.

Après-Coup (II)

J'avais donc décidé de vous livrer cette confidence et ces documents. Ne valait-il pas mieux pour cela multiplier la bande en photocopies disponibles pour chacun de vous? Je me suis donc rendu au service de photocopie (dans l'institution d'enseignement à laquelle j'appartiens, si on peut dire) et j'ai procédé moi-même à l'opération.

Or, vous imaginez la suite, ce bloc-magique de la modernité ne reproduit

one says in French, it came out. The red turned into black. But by the same stroke the black of the signature sank into it, disappearing into the abyss. It returned to the depths of the unconscious from which I had withdrawn it, by chance or by accident, for the spell of a few hours. As if they wore their own mourning in advance, the letters of his name had been sworn to the black, and the black had swallowed them up. They had been returned to the un-differentiated element, to the depth of that ink with which he had literally believed, as you recall, that he was drowning the sun in abyss. The pho-tographic machine, a pitiless writing of light, could only retain one opposition this time, the duel of "black and white." He will have to mourn for himself, the reproduction has effaced his signature, and precisely because it was super-imprinted in black on a red background, and because the red became black again, like the signature. Another machine, another technical apparatus, at another moment in history, would have done better (and the consequent materialist that Ponge wants to be would have admitted this): keeping the red, it would have kept the signature as such in an archive.

Let us say that I wanted to supply this shortcoming, and to insure the mission of another machine: to keep, with the red background, his signature. Thus I have spoken to you about "matter and memory," about my memory and my (mis-) chances.

August 10, 1975

pas les couleurs. *La seule opposition dont il dispose, c'est le «noir-et-blanc.» Le blanc de la bande n'en aura pas souffert, il est bien sorti, comme on dit en français, il s'en est sorti. Le rouge a viré au noir. Mais du coup le noir de la signature s'y est fondu, il a disparu dans l'abîme. Il est retourné au fond de l'inconscient dont je l'avais retiré, par chance ou par accident, le temps de quelques heures. Les lettres de son nom, comme si d'avance elles portaient leur propre deuil, avaient été vouées au noir, et le noir les avait englouties. Elle étaient retournées à l'élément indifférencié, au fond de cette encre dont il avait cru littéralement, vous vous en souvenez, inonder le soleil en abîme. La machine photographique, impitoyable écriture de lumière, ne pouvait à cette date retenir qu'une opposition, le duel «noir et blanc». Il devra en faire son deuil, la reproduction a effacé sa signature, et précisément parce qu'elle se surimprimait en noir sur fond rouge, et parce que le rouge est redevenu noir, comme la signature. Une autre machine, un autre dispositif technique, à un autre moment de l'histoire, aurait mieux fait (et le matérialiste conséquent que veut être Ponge l'eût admis) : gardant le rouge, elle aurait archivé la signature comme telle.*

Disons que j'ai voulu suppléer cette défaillance et assurer la mission d'une autre machine : avec le fond rouge, garder sa signature. Je vous ai donc parlé de «matière et mémoire», de ma mémoire et de mes chances.

le 10 août 1975

BANDE A FAIRE SAUTER

TRANSLATOR'S NOTES

page 10   "Woman will be my subject"—the reference is to Derrida's *Eperons*, delivered before the Nietzsche Colloquium at Cerisy in July 1972.

page 11   *franchir*—I have translated it here as "infringing," and elsewhere as "freeing up," although the word in fact means, literally, "to cross a boundary." Whenever possible, I try to keep the "fr" effect (see p. 86).

page 12   *obstinacy*—the reference is to Serge Gavronsky, "Interview with Francis Ponge," in *Francis Ponge: The Sun Placed in the Abyss and Other Texts* (New York: Sun, 1977), pp. 69–107. The French word *opiniâtre* is notable for its use of the circumflex, a graphic mark especially prized by Francis Ponge (see, for example, "L'huître").

page 28   "in the abyss of the proper"—the French verb "s'abîmer" means "to decay;" the *mise en abyme* of the proper is thus its "ruin" and its "self-representation" at one and the same time. Derrida works out this homonym for the entire length of the essay, maintaining, however, the distinctive spellings of *abyme* (heraldic code) and *abîme*.

page 29   *propre*—in French, both "proper" and "clean." By trying to keep the proper form of the word "propre," I have made an occasional mess of its "proper" meaning(s).

    pre—"prairie" or "meadow," but also the prefix "pre." For an especially scrupulous meditation on this most central of homonyms in Ponge, see Lee Fahnestock's translation of *La Fabrique du Pre*, entitled *The Making of the Pre* (Columbia: University of Missouri Press, 1979).

page 31   *bois mort*—"dead wood," but also "drink, dead man!" (Links up, thematically, with the homophone *pain/pin*.)

page 32   "*Sapates*"—a kind of Christmas stocking found in southern France, and also, according to Littré, a big gift disguised as a small one, as when a diamond is concealed inside a lemon. The reference is to Ponge's poem, "Preface to the Sapates."

page 37   *La Lessiveuse*—not only a washing machine, but also a washerwoman, whence the erotic scene that follows.

    serviette-éponge—translated as "sponge-towel" instead of the more correct "Turkish towel," for the obvious reasons.

page 46   *Aneignung/Ereignis*—Marx refers to *Aneignung* (appropriation) throughout *Capital,* and Heidegger to *Ereignis* (event) throughout his later writings.

page 57   *faut/faux* ("has to/ faulty")—An untranslatable, and uninscribable, homophone.

page 61   *une hache*—at once a hatchet and the letter "h."

           franchise—for obvious reasons, I have retained the *faux ami* of "franchise," in preference to its proper meaning of "frankness."

page 67   *La table*—the title of an unpublished text by Ponge.

page 74   *spoggizmos*—the reference is to *The Sophist,* 253 ff. Eight years earlier, Derrida had written *La Pharmacie de Platon.*

page 92   *Das Medusenhaupt*—"The Medusa's Head," Sigmund Freud, *SE,* XVIII, pp. 273–74.

page 115   Derrida here refers to *Le Legs des choses dans l'œuvre de Francis Ponge,* by Henri Maldiney (Lausanne: L'Age d'Homme, 1974).

FRENCH SOURCES

Ac *L'Atelier contemporain*. Paris: Gallimard, 1977.

E   *Entretiens de Francis Ponge avec Philippe Sollers*. Paris: Gallimard/ Seuil, 1970.

Fp *La Fabrique du pré*. Geneva: Skira, 1971.

M *Méthodes*. Paris: Gallimard (Collection Idées), 1971.

NR *Nouveau Recueil*. Paris: Gallimard, 1967.

P   *Pièces*. Paris: Gallimard (Collection Poésie), 1971.

PM *Pour un Malherbe*. Paris: Gallimard, 1965.

S   *Le Savon*. Paris: Gallimard, 1976.

Tp *Tome premier*. Paris: Gallimard, 1965. It includes: *Douze petits écrits* (pp. 7–32); *Le Parti Pris des choses* (pp. 33–115); *Proêmes* (pp. 117–252); *La Rage de l'expression* (pp. 253–415); *Le Peintre à l'étude* (pp. 417–521); *La Seine* (pp. 523–611).

"L'Ardoise." *Ac*, pp. 219–20.

"L'Avant-Printemps." *L'Ephémère* #2 (1967), pp. 49–59.

"L'Avenir des paroles." *Tp*, p. 125.

"Berges de la Loire." *Tp*, pp. 255–58.

"Braque ou un méditatif à l'œuvre." *Ac*, pp. 283–317.

"Le Carnet du Bois de Pins." *Tp*, pp. 325–82.

"La Crevette dans tous ses états." *P*, pp. 13–32.

"De la nature morte et de Chardin." *Ac*, pp. 228–36.

"Les Ecuries d'Augias." *Tp*, pp. 175–76.

"Fable." *Tp*, p. 144.

"La Figue (sèche)." *P*, pp. 179–82.

"La Forme du monde." *Tp*, pp. 131–32.

"La Guêpe." *Tp*, pp. 259–70.

"Les Hirondelles." *P*, pp. 166–71.

"L'Huître." *Tp*, p. 48.

"L'Insignifiant." *P*, p. 7.

"Joca Seria." *Ac*, pp. 153–90.

"La Lessiveuse." *P*, pp. 72–76.

"La Loi et les Prophètes." *Tp*, pp. 181–83.

"Matière et mémoire." *Tp*, pp. 469–83.

"Le Mimosa." *Tp,* pp. 305–24.
"La Mousse." *Tp,* p. 63.
"Notes pour un coquillage." *Tp,* pp. 83–87.
"Notes prises pour un oiseau." *Tp,* pp. 271–88.
"Notes sur les otages." *Ac,* pp. 8–42.
"Nouvelles notes sur Fautrier, crayonnées hâtivement depuis sa mort."
 Ac, pp. 252–67.
"L'Œillet." *Tp,* pp. 289–304.
"L'Orange." *Tp,* pp. 46–47.
"Les Plaisirs de la porte." *Tp,* p. 49.
"La Pompe lyrique." *P,* p. 56.
"La Pratique de la littérature." *M,* pp. 269–93.
"Préfaces aux Sapates." *Tp,* pp. 126–27.
"Le Pré." *NR,* pp. 201–09.
"Prose sur le nom de Vulliamy." *Ac,* pp. 78–79.
"Raisons de vivre heureux." *Tp,* pp. 188–90.
"Scvlptvre." *Ac,* pp. 99–101.
"Le Soleil placé en abîme." *P,* pp. 133–65.
"Tentative orale." *M,* pp. 233–68.
"Le Verre d'eau." *M,* pp. 115–73.
"Le Volet, suivi de sa scholie." *P,* pp. 103–06.